Dorothee Döring

Ich liebe mein Alter!

Dorothee Döring

Ich liebe mein Alter!

Endlich Zeit, das Leben zu genießen

Kreuz

Was Alter alles sein kann

»Der Takt ist der Verstand des Herzens. Alt sein können hält jung, jung sein wollen, macht alt.«
Unbekannter Autor

»Alt ist man dann, wenn man an der Vergangenheit mehr Freude hat als an der Zukunft.«
John Knittel

»Im Alter bereut man vor allem die Sünden, die man nicht begangen hat.«
William Somerset Maugham

»In der Jugend lernt, im Alter versteht man.«
Marie von Ebner-Eschenbach

»Man leidet im Alter weniger an Erfahrungen, die man macht, als an denen, die man nicht mehr machen kann.«
Karlheinz Deschner

»Wenn wir alt werden, verkriecht sich die Schönheit nach innen.«
Ralph Waldo Emerson

»Wie nämlich nicht jeder Wein, so wird nicht jeder durch hohes Alter sauer.«
Cicero

»Das Alter ist wie eine Maske, die einem übergestülpt wird. Dahinter ist man der, der man immer schon war.«
Simone de Beauvoir

»Ein Archäologe ist der beste Ehemann, den eine Frau haben kann. Je älter sie wird, umso mehr interessiert er sich für sie.«
Agatha Christie

»Mit 20 hat jeder das Gesicht, das Gott ihm gegeben hat, mit 40 das Gesicht, dass ihm das Leben gegeben hat und mit 60 das Gesicht, das er verdient!«
Albert Schweitzer

»Alte haben gewöhnlich vergessen, dass sie jung gewesen sind, oder sie vergessen, dass sie alt sind, und Junge begreifen nie, dass sie alt werden können.«
Kurt Tucholsky

»Die Leute, die nicht zu altern verstehen, sind die gleichen, die nicht verstanden haben, jung zu sein.«
Marc Chagall

»Vom Standpunkt der Jugend aus gesehen ist das Leben eine unendlich lange Zukunft. Vom Standpunkt des Alters aus eine sehr kurze Vergangenheit.«
Arthur Schopenhauer

»Nimm die Erfahrung und die Urteilskraft der Menschen über 50 heraus aus der Welt, und es wird nicht genug übrig bleiben, um ihren Bestand zu sichern.«
Henry Ford

Inhalt

Jedes Jahr hat seine Chance.
Jedes Jahr birgt in sich neue Möglichkeiten.
Vielleicht ärgerst du dich,
dass du nun schon älter bist, als du dich fühlst.
Vielleicht möchtest du dein Alter gerne vor anderen verbergen.
Du möchtest jünger sein.
Aber jedes Alter ist gut.
Wenn du Ja sagst zu deinem Alter,
dann wirst du erkennen, was die typische Chance ist,
die gerade in deinem Lebensalter steckt.
Dann wirst du weise werden.
Du wirst den Geschmack deines Lebens auskosten wie den Wein,
der in jedem Jahrgang anders schmeckt.

Verfasser unbekannt

Vorwort

Glücklich und zufrieden älter werden, den wohlverdienten Ruhestand genießen und körperlich gesund und geistig fit bleiben: Das wünschen sich viele Menschen für ihren dritten Lebensabschnitt, der etwa mit dem 60. Lebensjahr beginnt. Realität aber ist, dass viele Menschen die Angst vor dem Älterwerden beschleicht. Dabei durchlaufen sie verschiedene Phasen:

Erste Phase: Sie wollen unbedingt retten, was zu retten ist und tun alles, um ihr Alter zu leugnen: Sie tragen jugendliche Kleidung, machen Diäten, Schönheitskuren, Fitness und Facelifting.

Zweite Phase: Sie hassen jede ihrer Falten und jede Veränderung ihres Körpers. Sie geben auf und finden sich ab, resignieren und lassen sich schlimmstenfalls sogar gehen –, weil ihrer Ansicht nach ohnehin alles zu spät ist.

Dritte Phase: Sie flüchten sich in die Rolle der abgeklärten älteren Frau, des älteren Mannes, die/der keine großen Erwartungen mehr an die Zukunft hat.

Wenn Sie das kennen, wird es spätestens jetzt Zeit zum Gegensteuern, damit Sie Ihr Gleichgewicht wiederfinden. Mein positiver Denkansatz lautet: »Man ist so alt oder jung, wie man sich fühlt«. Damit bestimmt die mentale Einstellung das wahrgenommene Alter. Wenn Sie glücklich und zufrieden älter werden wollen, ist es neben der Akzeptanz des Alterns notwendig, etwas dafür zu tun, damit Ihr Wunsch kein Traum bleibt: In diesem Buch, das der »Generation 60plus« gewidmet ist, zeige ich, wie wichtig es für Sie ist, Ihre geistige und körperliche Fitness zu erhöhen, warum Sie sich für Neues interessieren sollten und neue Aktivitäten in Angriff nehmen sollten. Sie erfahren auch etwas darüber, wie man im Alter mit dem Problem der Freundschaften umgehen kann und wie Sie Ihre mentalen Einstellungen Ihrem Leben anpassen können. Auf diese Weise wird es Ihnen gelingen, alt zu werden und doch jung zu bleiben.

1. Fakten über das Älterwerden

Die körperlichen Folgen des Alterns

Älter werden wir alle. Am besten finden wir uns damit ab – ohne Nostalgie und Zukunftsangst. Wir verfügen jedoch über wirksame Waffen, um die Spuren der Zeit hinauszuzögern. Bis zu einem gewissen Maße können wir selbst entscheiden, ob wir gut oder schlecht altern wollen.

Was genau passiert mit den Jahren mit unserem Körper?

Der Alterungsprozess ist zuerst an Haut und Figur festzustellen. Die Haut wird fahl, welk und faltig. Hängebusen, Hängebauch und Hängepo geben die Richtung an: Die Tendenz ist fallend. Das Gleiche spiegelt uns unser Gesicht: Schlupflid, Doppelkinn und Hängebäckchen.

Fältchen und Krähenfüße zieren das Gesicht. Mit den Jahren werden Wangen und Hals schlaffer – der Mensch scheint einfach zu viel Haut für das Gesicht zu haben. Männer und Frauen bekommen »Rettungsringe« an ihren Problemzonen. Die Altersflecken der Haut verraten, dass man nicht mehr taufrisch ist. Besenreiser und Krampfadern »entstellen« die einst makellosen Beine und zwingen uns dazu, sie unter Hosen zu verstecken. Frauen bekommen schütteres Haar, Männer eine Glatze. Die kräftige Haarfarbe von früher wird von einem stumpfen Grau verdrängt.

Der Alterungsprozess ist auch an der Schwerfälligkeit der Bewegungen und dem allgemeinen Kräfteverlust, der Erschlaffung der Muskulatur und häufig an körperlichem Kontrollverlust zu erkennen (z.B. Inkontinenz). Das Alter hat mit einer ganzen Reihe von gesundheitlichen Einbußen großen Einfluss auf unser Wohlbefinden. Abgesehen von ernsten chronischen Erkrankungen, die jeden Menschen in jedem Alter treffen können, aber im Alter mehr Schwierigkeiten machen, hat jeder Ältere mit einer Reihe von Beeinträchtigungen zu kämpfen: Man sieht nicht mehr so gut, das Blickfeld engt sich ein, man hört nicht mehr so gut, man riecht und schmeckt nicht mehr so gut, man hat häufiger Probleme mit Zähnen und Kiefer. Die Wahrnehmung der Außenwelt durch die Sinne wie Tasten und Riechen ist mehr oder weniger stark eingeschränkt. Viele Ältere leiden unter Schwerhörigkeit. Der Hörverlust verringert die Lebensqualität älterer Menschen und führt nicht selten zu sozialer Isolation.

Um Genaueres über die körperliche Befindlichkeit von Älteren und ihren Bedürfnissen zu erfahren, unternahmen Ingenieure und Designer in einem Simulationsanzug (»Age Explorer«) experimentell einen »Tagesausflug ins Alter«.[1]

Der Simulationsanzug besteht aus schwerem Stoff mit Bleigewichten an Armen und Beinen, mit Gelenkschienen, die Kniekehlen und Ellenbogen versteifen. Mit einem Helm wird der Graue Star, das Altersfarbempfinden und das eingeengte Gesichtsfeld simuliert und mit einem wattierten Kopfhörer das Hören erschwert. Dicke Handschuhe, die von innen stachelig beschichtet sind, sollen eine Arthritis simulieren.

So wird z. B. das Einkaufen im Simulationsanzug zum Kraftakt. Jeder normale Schritt fühlt sich an wie Treppensteigen auf den Kölner Dom. Die Einkaufstüte schneidet schmerzhaft in die Handflächen, Bummeln wird zum Leistungssport. Schon nach einer halben Stunde ist man nass geschwitzt und Rücken und Füße schmerzen.

Die Alterungsprozesse sind in ihren Auswirkungen und in ihrer Dynamik von Mensch zu Mensch verschieden. Dies hängt von diversen Faktoren ab. Dabei sind die Lebensführung des einzelnen Menschen entscheidend, die Umwelt, die Ernährung, die Bewegung, aber auch die Erbinformationen, die in unseren Chromosomen angelegt sind. So kann es sein, dass der eine mit zunehmendem Alter eher schlecht sieht und vielleicht auch viele Falten bekommt und ein anderer eher schlecht hört, seine Zuckerwerte sehr hoch sind und die Gelenke schmerzen.

Trotz moderner Technologie und gesunder Lebensweise wird sich der alternde Körper – allein schon biologisch – früher oder später vom Ideal der »Jugendlichkeit« verabschieden. Somit widerspricht das geforderte Wunschbild lebenslanger Jugend der Natur des Menschen. Auch dem gesellschaftlichen Anspruch auf körperliche Perfektion – glatt, straff, frisch – kann er nicht gerecht werden. Irgendwann sind alle Anstrengungen umsonst und der Körper gibt auf.

Der Kult, der um die jugendliche Schönheit aufgebaut wird, ist vielleicht dadurch zu erklären, dass Schönheit die Chance beinhaltet, Vergänglichkeit zu vergessen, während uns das Alter vergegenwärtigt, dass der jugendlichen Schönheit immer auch Vergänglichkeit innewohnt.

Die geistigen und psychischen Folgen des Alterns

Auf meine Frage in einem Seminar »Wann ist man alt?« kam eine interessante Antwort: *»Alt ist man, wenn man sich nicht mehr auf neue Dinge einlassen möchte und nicht mehr bereit ist für Veränderung. Das hat nichts mit dem kalendarischen oder biologischen Alter zu tun. Das ist eine reine Kopfsache.«*

Das hatte sich wohl auch eine Seniorin gedacht, die uns ihre persönlichen Wahrnehmungen geschildert hat:[2]

- Alles ist weiter entfernt als vor einigen Jahren.
- Es ist sogar zweimal so weit zur Straßenecke, und ein Hügel war früher auch nicht da.
- Das Rennen zum Bus habe ich ganz aufgegeben, er fährt jetzt immer zu früh ab.
- Die Treppen sind auch höher als in den goldenen Jahren.
- Bücher und Zeitschriften werden mit kleineren Buchstaben gedruckt.
- Aber es hat auch keinen Sinn, jemanden ums Vorlesen zu bitten, da jeder so leise spricht, dass man ihn kaum hören kann.
- Zu den Kleidern wird zu wenig Stoff verwendet, besonders um die Hüfte.
- Auch die angegebenen Größen fallen kleiner aus als früher.
- Sogar die Menschen verändern sich, sie sind viel jünger als wir in ihrem Alter waren.
- Andererseits sind die Leute unseres Alters so viel älter als wir.
- Ich traf neulich eine Klassenkameradin, die war so alt, dass sie mich nicht mehr erkannte.
- Ich dachte an das arme Wesen, während ich meine Haare kämmte.
- Und als ich in den Spiegel sah, stellte ich fest: »Auch Spiegel sind nicht mehr das, was sie einmal waren.«

Während sich die *körperlichen Folgen des Alterns* vor allem in einem Nachlassen von Vitalität, Kraft, Ausdauer, Antrieb, Leistungs- und Reaktionsfähigkeit, von Libido und Potenz zeigen, manifestieren sich die geistigen Folgen insbesondere in einer Schwächung von Konzentration, Gedächtnis, Lernvermögen, d. h. in einem Nachlassen der intellektuellen Leistungsfähigkeit. Hinzu kommen *die psychischen Folgen und Veränderungen* wie Altersstarrsinn und das Erlahmen der Anpassungsfähigkeit. Auch größere Vorsicht und Ängstlichkeit gehören zu den Veränderungen im Alter, sowie eine Abneigung gegen alles Neue.

Manche alte Menschen nehmen ganz ungewohnte, neue Charakterzüge an oder bestimmte Eigenheiten, die bereits früher auffielen, jedoch weniger störten oder besser kompensiert werden konnten. Sie treten nun deutlich hervor: Der Sparsame wird geizig, der Vorsichtige ängstlich-zurückhaltend, der Ich-Bezogene wird zum krassen Egoisten, psychische Labilität (Unsicherheit, Beeinflussbarkeit) nimmt zu. Öfter als früher sind sie gereizt und verstimmt.

Eigentlich denken Menschen in der Blüte ihrer Jahre: »Was mich nicht umbringt, macht mich stark«. Das mag für diejenigen, die im »besten Saft« stehen, auch richtig sein. Meine Beobachtung mit alten Menschen ist aber die, dass nicht nur die Haut dünner und dadurch empfindlicher wird, sondern dass auch die sprichwörtliche »Hornhaut der Seele« zu schmelzen beginnt und die Seele ungeschützt frei liegt. Nicht nur die körperliche Widerstandskraft lässt nach. Selbst diejenigen, die einst wahre Naturburschen und hart im Nehmen waren, entwickeln sich im Alter oft zu empfindsamen, mimosenhaften Wesen. Eine Mimose ist eine wunderbare, zarte Pflanze, die eine sanfte Behandlung braucht und sich bei grober Berührung zusammenrollt. Das ist ihr Schutz. So ergeht es auch älteren Menschen, die dünnhäutiger, weniger belastbar geworden sind, die Belastungen nicht mehr so gut verarbeiten oder wegstecken können und die eine erheblich längere Regenerationszeit brauchen, um sich von Verletzungen und Enttäuschungen wieder zu erholen.

Die meisten seelischen Veränderungen im höheren Lebensalter gehen auf Abbauerscheinungen des Gehirns zurück mit den Folgen: Gedächtnisdefizite, Abnahme der Urteils- und Kritikfähigkeit – auch bezüglich der eigenen Person –, gestörte Orientierung in Raum und Zeit, verstärkte Ängste und die Tendenz zur fast zwanghaften Starrheit in den persönlichen Ansichten.

Wer zu den Senioren gehört, der hat im Laufe seines Lebens viel erlebt und viele Traumata erlitten. Das belastet das Alter und kann zu Pessimismus und Resignation führen. Es gibt eine wachsende Anzahl Älterer, die Probleme mit ihrem Älterwerden haben und sich nicht in ihr Schicksal fügen, geschweige ihr Alter annehmen können. Diese Menschen sind stark gefährdet, an einer Altersdepression zu erkranken. Von einer Altersdepression spricht man, wenn ein Mensch nach dem 60. Lebensjahr erstmals depressiv erkrankt. Sie wird häufig ausgelöst durch typische Probleme und Konflikte, die mit dem Älterwerden zu tun haben wie körperliche und geistige Einschränkungen, Verlusterlebnisse und die damit verbundenen Ängste vor der Zukunft:

- Angst vor dem Alleinsein,
- Angst vor Schmerzen,
- Angst vor einem Sturz,
- Angst vor Kontrollverlust,
- Angst vor Gedächtnisverlust,
- Angst vor dem Verlust der Autonomie,
- Angst vor Armut.

Die sozialen Folgen des Alterns in unserer Zeit

Die sozialen Folgen des Alterns lassen sich aus zwei Perspektiven betrachten:

- aus der Sicht des alternden Menschen auf sein soziales Umfeld und
- aus der Sicht der Gesellschaft auf die Gruppe der Alten.

Der alternde Mensch und sein soziales Umfeld

Das größte Problem für Ältere ist ihre zunehmende Isolation von der Gesellschaft und in der Folge ihre Einsamkeit. Der Anfang der Isolation wird mit dem Schritt in den (vorgezogenen) Ruhestand vollzogen. Die Kontakte zu Arbeitskollegen werden immer seltener, wenn sie nicht sogar ganz beendet wurden.

Je älter man wird, desto öfter verliert man Freunde, Verwandte und Bekannte und das nicht nur durch Tod, sondern weil die Beziehungen einschlafen oder wegen irgendwelcher, mehr oder weniger nichtiger, Anlässe abgebrochen werden. (Dazu lesen Sie bitte den Abschnitt Freundschaften im Alter.) Wenn die einst verständnisvolle, beste Freundin mit zunehmendem Alter zur mürrischen, jähzornigen, ungerechten, verbitterten »Grantlerin« wird oder immer misstrauischer und aggressiver reagiert, fallen oft jahrzehntelange Beziehungen auseinander.

Vor allem der geistige Abbau kann eine ehemalige Freundschaft so sehr belasten, dass man nach Jahrzehnten nichts mehr miteinander anzufangen weiß. Manche Freundschaft schläft auch ein, weil ältere Menschen oft träge und immobil werden und den Aufwand scheuen, der mit Besuchen verbunden ist. Andererseits wachsen im Alter selten Freundschaften nach. Wegen der reichen Lebenserfahrung ist man im Alter eher zurückhaltend und vorsichtig gegenüber neuen Engagements.

Zurückgebliebene Ehepartner erholen sich oft nicht mehr vom erlittenen Verlust.

»Dann kommt die Zeit der Einsamkeit«, sagte eine Witwe, selbst hoch in den Siebzigern, die nach sechs Jahren den Tod ihres Mannes noch immer bitter beklagt: »Es gibt keine vertrauten und auch keine sorgenden Gespräche mehr, noch nicht einmal das Atmen im gleichen Raum. Der Partner in guten und schlechten Tagen, ein Teil des eigenen Lebens, ist fortgegangen. Er hinterlässt eine Leere, die niemand auszufüllen vermag«.

Von der Gesellschaft geprägte Normen, wie der Jugendlichkeitskult, machen es den Menschen sehr schwer, im Alter das Selbstwertgefühl zu erhalten. Sie fühlen sich nicht mehr akzeptiert, sehen sich ausgegrenzt. Wer seine Wohnung nicht mehr verlassen kann, wird nicht mehr wahrgenommen und gerät zwangsläufig in eine Isolation. Wer nicht mehr zur Kirche, zum Seniorentreff, zum Einkaufen gehen kann, verliert lebenswichtige Kontakte. Wer durch Krankheiten in seiner körperlichen oder geistigen Beweglichkeit eingeschränkt ist oder mit dem Eintritt in den Ruhestand seine finanzielle Potenz einbüßt, zieht sich gern selbst aus seinem vertrauten, sozialen Umfeld zurück.

Wer solche Erfahrungen gemacht hat, dessen Selbstbild verändert sich ins Negative und ein solcher Mensch steigert sich immer stärker in das Gefühl hinein, nutzlos zu sein. Nutzlosigkeit, Einsamkeit und Melancholie sind eng miteinander verbunden. In jedem Lebensalter muss sich der Mensch aber bestätigt und anerkannt fühlen, um sich ausgeglichen entfalten zu können. Während sich bei jungen Leuten soziale Kontakte am Arbeitsplatz und in der Freizeit »wie von selbst« einstellen, haben es Ältere schwer, die Zuneigung ihrer Umwelt zu erringen und sich zu erhalten.

Sich einsam zu fühlen, ist keine Krankheit, aber es kann krank machen. Wenn die Blätter fallen und der Nebel steigt, wenn der Gedenkmonat November Trauer und düstere Gedanken begünstigt, werden die Einsamen noch einsamer.

Die Sicht der Gesellschaft auf die Alten

Wie kaum ein anderes Thema rückt das Älterwerden in den Brennpunkt des öffentlichen Interesses. Aufgrund der gestiegenen Lebenserwartung und des Geburtenrückgangs zeigt sich in Deutschland und den Industrienationen ein dramatischer demografischer Wandel: Die Gesellschaft altert. Die »Oldies« sind auf dem Vormarsch.

Demoskopen prognostizieren, dass die Anzahl der jungen Deutschen abnimmt. Die Folge: Im Jahr 2030 wird der Bevölkerungsanteil der über 60-Jährigen doppelt so hoch sein wie der der unter 20-Jährigen. Außerdem steigt mit der Verbesserung der Lebensbedingungen die durchschnittliche Lebenserwartung. Zurzeit beträgt die durchschnittliche Lebenserwartung 72,6 Jahre für Männer und 79,0 Jahre für Frauen. Bis zum Jahr 2030 soll sie um zwei Jahre zunehmen[3].

Der steigenden Lebenserwartung, der besseren Schulausbildung und Ausstattung mit finanziellen Mitteln ist es auch zuzuschreiben, dass die heutige Generation 60plus von den negativen Wirkungen der körperlichen, geistig-psychischen und sozialen Alterungsprozesse bisher wesentlich weniger erfasst ist als frühere Rentnergenerationen.

So ermittelte eine Studie der Karstadt/Quelle Versicherungen[4], dass der Wandel unserer Gesellschaft in vollem Gange ist, nicht nur in der Altersstatistik, sondern auch im Selbstverständnis, in den Wünschen und den Denk- und Verhaltensmustern der älteren Hälfte der Gesellschaft. Die heutige Rentnergeneration wird spürbar selbstbewusster und gleichzeitig gelassener. Dabei orientiert sich diese Zielgruppe viel stärker an ihren eigenen Wünschen und Bedürfnissen als an denen ihrer Angehörigen. Sie empfinden ihr eigenes Alter ehrlicher als früher und sehen ihre Zukunft überwiegend gelassen.

Mehr und mehr wird das Alter zur Frage der Einstellung. Die meisten Menschen fühlen sich jünger als sic sind, empfinden das Älterwerden positiver als noch vor fünf Jahren. Man schätzt sich selbst realistischer ein und alt fühlt man sich erst mit 75 Jahren.

Die heutigen Senioren sehen das Alter also gelassener. Die Eigenverantwortung für Gesundheit und Wohlbefinden steigt. Körperliche Aktivität und Entspannungstechniken erleben einen rasanten Aufschwung. Die Frauen sind dabei im Allgemeinen agiler als die Männer in ihrer Altersgruppe.

Auch das Selbstwertgefühl der Senioren ist gestiegen. Dies zeigt sich zum Beispiel in punkto Reiselust. Man muss sich selbst nichts mehr beweisen und bevorzugt stattdessen Komfort und Erholung. Gelassenheit macht sich auch beim neu aufgegriffenen Thema des »Entsparens« breit. Das Leben im Hier und Jetzt zeigt sich in der Tatsache, dass das An-sich-selbst-Denken einen größeren Raum einnimmt. Oftmals wird das Ersparte in erster Linie für sich selbst benötigt.

Die Herrschaften zwischen 56 und 70 hegen noch viele Gedanken in Sachen Fortbildung. Ungebremst ist ihre Lust am Lernen. Fortbildungen, Fremdsprachen lernen oder neue Dinge ausprobieren, haben Hochkonjunktur. Die geistige Agilität älterer Menschen zeigt sich darüber hinaus in der wachsenden Aufgeschlossenheit für Neue Medien und der gestiegenen Nutzung des Mobiltelefons. Das Internet wird genutzt, moderne Kommunikationsmedien werden begrüßt. Informiert zu sein und bei aktuellen Themen mitreden zu können, ist eine Selbstverständlichkeit. Und zum 65. Geburtstag eine E-Mail oder eine SMS mit Glückwünschen zu bekommen, ist mittlerweile nichts Außergewöhnliches mehr.

Während früher die 60-Jährigen bereits als alt galten, sind die heutigen 60-Jährigen in der Regel gesund und fit. Das hängt damit zusammen, dass die Lebensbedingungen sich insgesamt deutlich verbessert haben. Die Medizin hat erhebliche Fortschritte erzielt, die Menschen sind finanziell abgesichert, sie haben einen gehobenen Lebensstandard und sind besser ausgebildet. Außerdem gehen sie früher in Rente. In Deutschland liegt das durchschnittliche Renteneintrittsalter immer noch bei 59

Jahren. Wer heute in Rente geht, hat noch mehr als ein Viertel seines Lebens vor sich. Der weitaus größte Teil der heutigen Senioren hat die Entscheidung getroffen, das Leben zu genießen und voll am Leben teilzunehmen.

Genau das ist der Punkt, der einem anderen Teil der Gesellschaft erheblich auf die Nerven geht: der jungen, im Erwerbsleben stehenden Generation. Ein junger Mann gestand mir einmal, dass er es ätzend findet, im Urlaub fast nur noch graue Köpfe zu sehen. Ja, er hat recht. Auch das Bild unserer Einkaufsstraßen, unserer Kaufhäuser, der Konzerthallen und Theater wird durch alte Leute geprägt.

Bei so viel emotional bedingter Aversion gegen »die Alten« wird dann gern ein Argument aus der Rentendebatte angeführt: Die jüngere Generation finanziert mit ihren Beiträgen den Wohlstand der heutigen Rentnergeneration, kann aber selbst nicht damit rechnen, ihren Lebensunterhalt im Alter von einer Rente allein aus der Sozialversicherung zu bestreiten. Statt ihren Unmut gegen unfähige Politiker zu richten, die mit einer jahrzehntelang verfehlten Renten- und Finanzpolitik für diese Schieflage verantwortlich sind, wachsen in der jungen Generation Wut und Neid auf die Senioren. Es kursieren schon Witze, wie man durch »Einsparung oder Entsorgung von Rentnern« das Rentenproblem lösen könnte:

»Der Computer ist das einzige Instrument, das unser Rentenproblem noch lösen kann. Es ist das einzige Teil, wo man Alt und Entf(ernen) gleichzeitig drücken kann.«

Das Lachen vergeht einem, wenn man Stimmen zur Gesundheitspolitik registriert, die offen für eine Zwei-Klassen-Medizin eintreten und die Durchführung bestimmter medizinischer Eingriffe, z.B. eine Hüftoperation, vom Alter des Patienten abhängig machen wollen. Vergegenwärtigt man sich dann noch die oftmals menschenunwürdigen Zustände[5] in unseren Alten- und Pflegeheimen, dann haben wir einen Eindruck, wie die Gesellschaft ihre Alten sieht und mit ihnen umgeht, wenn sie *wirklich* alt sind. Diejenigen der Älteren, die körperlich und geistig noch fit sind, die noch Kontakte pflegen und finanziell gut zurechtkommen, kurz die Generation 60plus, wie sie auch in der oben zitierten Studie beschrieben wurde, wird von einem wichtigen Teil der Gesellschaft akzeptiert, ja hofiert: nämlich von der Wirtschaft. Beispiele dafür sind die Reisebranche, die Freizeitindustrie, die Seniorenresidenzen und der Sektor Gesundheitswesen. Für diese Bereiche stellt die Generation 60plus ein zunehmend lukratives Nachfragepotenzial dar.

2. Die Einstellung zum Älterwerden

Lebensbetrachtung – Vom Wert unseres Lebens

Unsere Lebenszeit ist deshalb so wertvoll, weil sie begrenzt ist. Sie ist unwiederbringlich. Vergangene Zeit können wir nicht noch einmal durchleben und wir können Zeit nicht anhalten. Immer wieder machen wir den Versuch, die Zeit mit Hilfe von Fotos, Filmen und Texten festzuhalten. In unserem Kopf bleiben nur Erinnerungen. Lebenszeit wird umso kostbarer, je knapper sie wird. Lebenszeit ist ohne Zweifel die kostbarste Ressource des Menschen.

Vergeht die Zeit im Alter schneller? Die Kindheit erschien endlos lang, jetzt aber rast das Leben im Flug an uns vorbei. Woran liegt das? Zeit ist eine festgelegte und genau messbare Größe. Jede Sekunde dauert exakt so lange wie die nächste. Trotzdem kommt es uns so vor, als drehe sich das Karussell Jahr um Jahr schneller: Gerade erst war Ostern und schon steht Weihnachten wieder vor der Tür. Zwischen Weihnachten und Silvester – zwischen den Jahren – scheint die Zeit für viele von uns ein wenig langsamer zu vergehen oder sogar stillzustehen. Es sind die Tage der persönlichen Bilanz, des persönlichen Rückblicks und des Innehaltens: Was war schön, was war wichtig und welche Herausforderungen mussten gemeistert werden?

Vielleicht fragen auch Sie sich, warum die Zeit im Laufe der Jahre immer schneller dahinzurasen scheint. Hängt es mit der Erkenntnis zusammen, dass mit fortschreitendem Alter weniger Lebenszeit übrig bleibt? Oder zahlen wir den Preis dafür, dass wir tatsächlich immer weniger in der Lage sind, über unsere Zeit frei zu bestimmen? Zu den nicht abweisbaren Terminen in unserem Terminkalender kommen noch die Zeiträuber, die uns Zeit stehlen: Überraschende Telefonanrufe – nicht unter einer Stunde! Wartezeiten auf unpünktliche Handwerker, Verspätungen von öffentlichen Verkehrsmitteln usw. Aber sind es nicht auch unsere ganz eigenen, eingeschliffenen Gewohnheiten, die uns immer wieder Zeit »kosten«?

Haben Sie sich schon einmal bewusst gemacht, wie viel Stunden Sie in der Woche vor dem Fernseher sitzen? Der Wert der Zeit würde uns sicherlich eher bewusst, wenn wir eine Gebühr für verschwendete Zeit entrichten müssten.

Leider scheint Zeit vielen Menschen billig zu sein, weil sie »kostenlos« ist und wir frei darüber verfügen können. Ein Sprichwort sagt: »Zeit ist wie eine Banknote. Du kannst sie nur einmal ausgeben!« Da wir die Zeit nicht vermehren können, sollten wir sie effektiv nutzen, um mehr Zeit für die schönen Dinge im Leben zu haben, um den Alltag stressfrei und effektiv zu gestalten.

Lebenszeit gewinnen, ein erfülltes Leben haben, wer möchte das nicht? Aber wie, wird sich manch einer fragen. Wer das ergründen will, der muss den Stressoren seines Lebens auf die Spur kommen. Er muss lernen, Wesentliches von Unwesentlichem zu unterscheiden und Überholtes loszulassen. Dann erkennt man, dass man seine Lebenszeit sinnvoller ausfüllen und durch Umorganisierung, Streichung oder Reduzierung bestimmter Aktivitäten wertvolle Lebenszeit gewinnen kann (siehe im Kapitel 6: Luxusgut Zeit – Wiederentdeckung der Langsamkeit).

Zeit ist also etwas Kostbares. Im reifen Alter wird uns immer mehr bewusst, dass wir davon nicht mehr allzu viel haben. Und einen Kredit gibt es bei der Zeit nicht. Diese Erkenntnis zwingt zum Haushalten.

Eine Geschichte aus dem Buch »Der Kleine Prinz« von Antoine de Saint-Exupéry, befasst sich mit dem Wert der Zeit:

»Guten Tag«, sagte der kleine Prinz. »Guten Tag«, sagte der Händler. Er handelte mit höchst wirksamen, durststillenden Pillen. Man schluckt jede Woche eine und spürt überhaupt kein Bedürfnis mehr, zu trinken.

»Warum verkaufst du das?« sagte der kleine Prinz. »Das ist eine große Zeitersparnis«, sagte der Händler. »Die Sachverständigen haben Berechnungen angestellt. Man erspart dreiundfünf-

zig Minuten in der Woche.« »Und was macht man mit diesen dreiundfünfzig Minuten?« »Man macht damit, was man will…« »Wenn ich dreiundfünfzig Minuten übrig hätte«, sagte der kleine Prinz, »würde ich ganz gemächlich zu einem Brunnen laufen…«

Manchmal werden wir durch aufrüttelnde Ereignisse dazu gezwungen, Bilanz zu ziehen und uns der Frage zu stellen, wie wir mit unserer eigenen Lebenszeit umgegangen sind. Dann fragen wir uns, was wir anders, besser hätten machen können. Solche Gedanken kommen Menschen häufig angesichts einer schweren Erkrankung und der akuten Bedrohung ihres Lebens.

In einem Fortbildungsseminar, das ich im Rahmen meiner Hospizarbeit besucht habe, wurde die Frage gestellt:

»Was würden Sie in Ihrem Leben ändern, welche Weichen würden Sie anders stellen, wenn Sie wüssten, dass Sie nur noch kurze Zeit zu leben hätten?«

Mit dieser Frage wurden die Teilnehmer aufgefordert, darüber nachzudenken, was ihnen im Leben wirklich wichtig ist. Erwartungsgemäß fielen die Antworten sehr unterschiedlich aus:

- Ich würde weniger fanatisch, sondern gelassener sein.
- Ich würde großzügiger sein und mir selbst und anderen Freude machen.
- Ich würde weniger arbeiten und die gewonnene Zeit mit meiner Familie verbringen.
- Ich würde mich nicht von der Meinung anderer beherrschen lassen.
- Ich würde anderen gegenüber liebenswürdiger, hilfsbereiter und verständnisvoller sein.
- Ich würde mehr auf meine Wünsche, Ziele und Träume achten.
- Ich würde mich nicht mehr über Kleinigkeiten ärgern oder darunter leiden, dass nicht jeder mich mag, – ich würde nie wieder unzufrieden sein, sondern mich jeden Tag darüber freuen, dass ich lebe.

Den Wert unserer Lebenszeit können wir nur dann richtig ermessen, wenn wir uns von Unwichtigem, Unerfreulichem befreien und uns auf das Wesentliche besinnen. Ein erfülltes Leben ist kein Zufall oder Schicksal, wir selbst haben es in der Hand, die Weichen dafür zu stellen.

Nimm dir Zeit

Nimm dir Zeit, um zu arbeiten,
es ist der Preis des Erfolges.
Nimm dir Zeit, um nachzudenken,
es ist die Quelle der Kraft.
Nimm dir Zeit, um zu spielen,
es ist das Geheimnis der Jugend.
Nimm dir Zeit, um zu lesen,
es ist die Grundlage des Wissens.
Nimm dir Zeit, um freundlich zu sein,
es ist das Tor zum Glücklichsein.
Nimm dir Zeit, um zu träumen,
es ist der Weg zu den Sternen.
Nimm dir Zeit, um zu lieben,
es ist die wahre Lebensfreude.
Nimm dir Zeit, um froh zu sein,
es ist die Musik der Seele.

Alter irischer Segen

Über alt oder jung sein entscheidet der Kopf

Wie alt man sich fühlt, ist eine Frage der Einstellung und nicht der Lebensjahre. Wenn man sich ständig suggeriert, dass man für gewisse Dinge zu alt sei, dann stellt man sich selbst auf ein Abstellgleis. Man nimmt dann nicht mehr am Leben teil und beobachtet nur noch wehmütig die vorbeifahrenden Züge.

Wer sein Alter als Chance begreifen möchte, muss zuvor die Angst vor dem Alter, die eigentlich eine »Verlustangst« ist, ablegen: Denn die Angst vor dem Alter blockiert und macht senil. Die Angst vor dem Alter wird gefördert durch ein ewig jugendliches Ich-Bewusstsein, das die Aussicht, Kompetenzen zu verlieren, unerträglich findet. Deswegen liegt in der Bewältigung der Angst auch der Schlüssel für die Überwindung falscher Illusionen und der Selbstüberschätzung. Angst besiegt man durch Auseinandersetzung und Bewusstwerdung.

Wenn wir über 60 Jahre sind und ein bestimmtes Alter erreicht haben, dann sind wir nicht alt. Alt sind wir dann, wenn wir unsere Vitalität und unsere Lebensfreude verloren haben.

Natürlich hängt die Lebensfreude auch ab von unserer Lebensqualität, d.h. von der Bildung, dem Einkommen, der Wohn- und Lebenssituation, aber auch von den sozialen Kontakten und dem Gefühl des Eingebundenseins in eine soziale Gemeinschaft.

Jeder Mensch empfindet sein Alter anders – mit 60 kann man sich fit, vital und jung fühlen, aber genauso alt und eingeschränkt. Überwiegend sind jedoch die heutigen Senioren gesund und aktiv, positiv eingestellt, wollen jeden Tag genießen und sich endlich lang gehegte Wünsche erfüllen. Sie sind mobil und unternehmungslustig und pflegen vielfältige soziale Kontakte. Fest steht: Die heutige Generation der 60-Jährigen ist nicht mehr mit der der 60-Jährigen von vor 20 Jahren zu vergleichen.

Und wie denken junge Menschen über das Alter?

Silvia, 45 Jahre:
»Meine Mutter – sie ist im siebzigsten Lebensjahr – fühlt sich jetzt freier als vor dreißig Jahren. Damals stand sie unter dem Druck, allen und allem gerecht werden zu müssen. Die Kinder, der Beruf, der Ehepartner – alle forderten Zeit und Nerven. Heute weiß meine Mutter, wie viel sie gearbeitet und geleistet hat, und dass sie es gut gemacht hat. Sie genießt jede Minute ihres Lebens. Sie ist spontan, entspannt und nachsichtig. Heute zeigt sie Verhaltensweisen und Einstellungen, die früher so nicht zum Ausdruck kamen. Morgens um halb acht, wenn sie mit dem Hund die erste Runde dreht, klingeln Nachbarskinder bei ihr, um sie zu begleiten. Da sie keine eigenen Enkel hat, ist meine Mutter nun begeisterte ›Großmutter auf Zeit‹. Die Kleinen flüchten für eine gewisse Zeit aus der elterlichen Beobachtung, und meine Mutter freut sich darüber, dass die Kinder so zutraulich sind und ihr frank und frei alles erzählen.«

Ist das Leben im Alter noch schön?

Meine Nachbarin erinnert sich, dass ihre Oma auf jeder Familienfeier klagte: »Altwerden ist nicht schön. Alle Freunde und Weggefährten um einen herum sterben weg.« Meine Nachbarin, damals Teenager, verstand nicht, was ihre Oma meinte. Sie empfand ihr junges Leben als hart, ungerecht, unsicher und irritierend. Die Oma meiner Nachbarin aber wurde nie so richtig glücklich. Warum? Weil sie nur ihr Alter und die damit verbundenen Beschwerden registrierte. Sie gewichtete ihre Situation einseitig und damit falsch, weil sie ihr reiches Leben, das sie davor geführt hatte, aus dem Blick verloren hatte. Sie haderte zu viel.

Ich bin nun 57 Jahre und habe von meiner inzwischen verstorbenen, 40 Jahre älteren Freundin gelernt, dass das Leben in jedem Alter schön ist, wenn man es nimmt, wie es eben ist.

Vielleicht gelingt es Menschen, eher eine solche Haltung einzunehmen, wenn in ihrer Kultur das Wort Hadern zu den Fremdwörtern gehört – zum Beispiel in Ländern, in denen die Lebensumstände zwar beschwerlicher sind als in unseren Gefilden, in denen aber Alt und Jung seit Generationen auch deshalb so eng miteinander verbunden sind, weil sie materiell voneinander abhängig sind.

Bei uns sind die Bindungen in der Familie zurückgegangen und nicht wenige Menschen empfinden diesen Verlust als schmerzlich. Manch älterer Mensch wünscht sich einen engeren Kontakt zu seinen Enkeln. Deshalb betreuen Großmütter – und auch Großväter – ehrenamtlich fremde Kleinkinder. Wir leben in einer Zeit, in der man anscheinend alles kann, aber nichts muss – auch im Alter.

Fangen wir bei uns selbst an und akzeptieren wir den Lauf der Zeit. Wir wissen, dass jedes Lebensalter seine eigene Qualität hat. Mit 30 Jahren war ein Abenteuerurlaub cool, mit 40 Jahren war es eine Exkursion durch Südafrika, mit 55 Jahren war das Wandern im Hochgebirge ein Höhepunkt. Und mit 66 Jahren möchte man vielleicht den Grand Canyon sehen oder eine Nordlandkreuzfahrt unternehmen. Warum auch nicht?

Wer aufhört, das eigene Alter mit seinen früheren, angeblich so viel besseren Lebensphasen zu vergleichen, der ist auf der richtigen Seite. Alles im Leben hat seine Zeit, seine ganz eigene Qualität und Schönheit. Auch das Alter. Lernen wir die guten Seiten des Alters zu sehen! Die Wertsteigerung des Alters besteht darin, respektvoll mit dem eigenen und dem Älterwerden der anderen umzugehen. Das ist die beste Investition in die eigene Zukunft und die der kommenden Generationen.

Auch im Alter jung zu bleiben ist ein Traum der Menschheit. Das gelingt aber nur, wenn wir unsere Gedanken auf den richtigen Kurs bringen und die Spirale des sinnlosen Grübelns unterbinden. Wir leben immer noch auf der Sonnenseite der Erde, sind für alle Fälle unseres Lebens versichert und abgesichert und leiden keine wirklich existenzielle Not. Uns bringt keine Naturkatastrophe um, sondern ausschließlich die eingebildete Angst davor.

Der Umgang mit dem Älterwerden

Teresa von Ávila (1515–1582), eine spanische Mystikerin und Begründerin der Karmeliterinnen sowie einflussreiche Kirchenlehrerin, war sich bewusst, dass sie alterte und sie hatte eine klare Vorstellung davon, welche Tugenden sie während dieses Prozesses lernen wollte. Das hat sie uns in einem Gebet überliefert:

»O Herr, du weißt besser als ich, dass ich von Tag zu Tag älter und eines Tages alt sein werde.

Erlöse mich von der großen Leidenschaft, die Angelegenheiten anderer ordnen zu wollen.

Lehre mich nachdenklich, (aber nicht grüblerisch) und hilfreich (aber nicht diktatorisch) zu sein.

Bewahre mich vor der Aufzählung endloser Einzelheiten und verleihe mir Schwingen, zur Pointe zu gelangen.

Lehre mich schweigen über meine Krankheiten und Beschwerden. Sie nehmen zu – und die Lust, sie zu beschreiben, wächst von Jahr zu Jahr.

Lehre mich die wunderbare Weisheit, dass ich mich irren kann.

Erhalte mich so liebenswert wie möglich. Ich möchte keine Heilige sein – mit ihnen lebt es sich schwer –, aber ein alter Griesgram ist das Krönungswerk des Teufels.

Lehre mich, an anderen Menschen unerwartete Talente zu entdecken und verleihe mir, o Herr, die schöne Gabe, sie auch zu erwähnen.«

Viele von uns machen sich über das Älterwerden und über das Alter gar keine Gedanken und sind dann unangenehm berührt, wenn sie z.B. mit einer diesbezüglichen Frage überraschend konfrontiert werden:

Gerti, 64 Jahre:

»Wie es sei, alt zu sein, fragte mich kürzlich eine junge Frau und – wie man sich denn als alter Mensch fühle. Ich war schockiert, denn ich halte mich überhaupt nicht für alt. Als sie meine Reaktion bemerkte, wurde sie verlegen, aber ich sagte ihr, dass das eine sehr interessante Frage sei, über die ich erst nachdenken müsse. Ich würde sie ihr später beantworten.

Alter, zu dem Schluss kam ich dann, ist ein Geschenk. Ich bin heute, möglicherweise zum ersten Mal in meinem Leben, der Mensch, der ich immer sein wollte, obwohl es auch Tage gibt, an denen ich an meinem Körper verzweifle – die Cellulitis, die Falten, die Tränensäcke, der Quabbelbauch, der Hängepo und oft bin ich geschockt von der alten Dame, die da in meinem Spiegel wohnt. Aber mit diesen Gedanken quäle ich mich nicht lange herum. Niemals würde ich meine wunderbaren Freunde, mein herrliches Leben, meine liebevolle Familie hergeben für weniger graue Haare und einen straffen Bauch. Mit dem Alter wurde ich netter zu mir selbst und weniger kritisch. Ich wurde meine eigene Freundin. Ich beschimpfe mich nicht mehr, weil ich ein Stück Kuchen zu viel gegessen, mein Bett nicht gemacht oder wieder irgendeinen Killefit gekauft habe, den ich gar nicht brauche. Ich nehme mir das Recht, zu genießen, ohne dabei Kalorien zu zählen, unordentlich und bei Belieben extravagant zu sein. Ich habe so viele liebe Freunde gesehen, die diese Welt zu früh verlassen mussten, ohne je diese große Freiheit kennengelernt zu haben, die das Alter mit sich bringt. Wen geht es etwas an, wenn es mir einfällt, bis vier Uhr morgens zu lesen und dann bis mittags zu schlafen? Ich möchte mit mir selbst tanzen zu diesen wunderbaren Schlagern der 50er- und 60er-Jahre, und wenn ich dabei über verlorene Lieben weinen möchte, dann kann ich es auch tun.

Ich weiß, ich bin manchmal ein bisschen vergesslich, aber auch hier denke ich, dass manches zu Recht dem Vergessen anheim fällt und ich vielleicht nur die wichtigen Dinge behalten habe. Im Laufe der Jahre wurde mir das Herz mehrfach gebrochen. Wie kann dein Herz nicht gebrochen werden, wenn du ei-

nen geliebten Menschen verlierst, wenn ein Kind leidet oder dein geliebtes Haustier überfahren wird? Aber gebrochene Herzen geben uns Kraft, Verständnis und Mitgefühl. Ein niemals gebrochenes Herz ist kalt und steril und wird nie wissen, wie schön es ist, unvollkommen zu sein.

Ich empfinde es als Gnade, dass ich lange genug leben durfte, um mein Haar ergrauen zu sehen, und dass das Lachen meiner Jugend tief in die Runzeln meines Gesichts eingegraben ist. So viele haben nie gelacht und so viele starben, bevor ihr Haar silbern werden konnte. Ich kann »nein« sagen und es auch so meinen. Ich kann »ja« sagen und es auch so meinen. Je älter ich werde, desto positiver denke ich. Du kümmerst dich weniger um das, was die Leute denken. Ich stelle mich selbst nicht mehr in Frage. Ich nehme mir sogar das Recht, mich zu irren.

Also, um die Frage der jungen Frau zu beantworten: Ich bin gern alt. Es hat mich befreit. Ich mag den Menschen, der ich geworden bin. Ich werde, so lange ich noch lebe, keine Zeit verlieren mit Lamentieren über das, was hätte sein können oder mir Sorgen um die Zukunft machen. Erstmals im Leben brauche ich mich nicht mehr zu rechtfertigen für das, was ich tun möchte.«

Bärbel, 59 Jahre:
»Bis vor vier Jahren hatte ich überhaupt keine Zeit darüber nachzudenken, ob ich alt werde. Seitdem meine von mir betreute und zuletzt gepflegte Mutter nicht mehr lebt, habe ich Zeit für mich. Wie köstlich ist es, sie zu genießen! Dass ich nicht mehr plisseefrei bin, macht mir fast nichts aus! Ich sage mir beim täglichen Blick in den Spiegel: ›Wer morgens verknittert aufsteht, hat am Tag die besten Entfaltungsmöglichkeiten.‹ Auf eine gute Art altern kann man nur mit einer Prise Selbstironie und Humor. Ich schaue nur sehr selten mit Brille in den Spiegel und freue mich stattdessen, leben zu dürfen. Ich muss ja nicht unbedingt an meine gesundheitlichen Einschränkungen denken oder gar darüber jammern. Das interessiert andere doch nur sehr wenig und treibt einen nur in die Einsamkeit.«

Und wie ist es mir gegangen, als ich zum ersten Mal unsanft auf mein Alter hingewiesen wurde?

Ich ging zum Briefkasten, nicht ahnend, dass dieser Gang mein Denken verändern würde. Irgendeine Seniorenvereinigung schrieb mir und bot mir ihre Hilfe an. Dazu bekam ich noch eine Einladung »für jeden über 55«. Ich fragte mich in diesem Zusammenhang: Woher haben sie nur meine Adresse und wieso kennen sie mein Alter?

Dann saß ich eine Weile wortlos da und überlegte. Gerade 57 Jahre alt und schon eine Einladung zu einer Seniorenveranstaltung! Wo war die Zeit geblieben? Ich schaute zurück und sah dankbar auf Stationen meines Lebens. Ich sah gute und schlechte Tage. Mich beschäftigte diese Einladung wirklich, denn sie hielt mir ungeschminkt meinen Ist-Zustand vor Augen.

Und als ob sie es geahnt hätte, sprach mich wenige Tage später eine Bekannte an: »Wie lange haben Sie es denn noch bis zur Rente?« Immer mehr spürte ich, dass ich zur Seniorin »mutiert« war. Ich hatte die Zeichen des Altwerdens bisher ignoriert. Doch auch wenn ich mich noch so dagegen wehrte und alles dafür tat, dass man mir mein Alter nicht ansieht: Ich merke heute – alles geht ein bisschen langsamer, ich bin nicht mehr so fit. Der Körper spricht eben eine andere Sprache als der Geist. Und ich gebe unumwunden zu: Ich entdecke heute auch Verhaltensweisen, die ich lange bei meinen Eltern nicht verstanden habe: Die »letzte Seite der Lokalzeitung« (die Seite mit den Todesanzeigen) ist nun auch meine erste morgendliche Lektüre geworden. Dort vergleiche ich das Alter der Verstorbenen mit meinem und stelle fest: Der Zeitpuffer wird merklich kleiner. Das ist keine gute Vorbereitung auf den Tod!

Aber kann man das Älterwerden lernen? Sicherlich kann man das, doch man muss sich diesem schleichenden Prozess bewusst stellen – und zwar rechtzeitig. Es gehört Mut dazu,

- sich einzugestehen, dass man älter wird,
- zuzugeben, dass der Körper langsam abbaut,

- sich einzugestehen, dass die Grenzen enger werden, so fit man sich auch halten mag,
- Hilfe anzunehmen,
- sein Denken auf ein neues Alter einzustellen,
- loszulassen.

Der Versuch jung zu sein um jeden Preis, verkrampft uns. Altwerden ist ein Lernprozess, der in der Jugend beginnt und uns bis zum Lebensende fordert. Wer lernt, alt zu werden, der kann auch lernen loszulassen. Wie wenig aus dem großen Haus meiner inzwischen verstorbenen Tante in ein kleines Zimmer in einem Altenheim passte, habe ich vor einigen Jahren selbst erlebt. Einige Bilder, Kleidung, ein Schränkchen und ein paar Fotoalben. Alles was sie mitnahm, passte in den Kofferraum eines Mittelklassewagens. Wer nicht lernt abzugeben, verhärtet im Alter innerlich mehr und mehr.

Eine Jahreszahl sagt nicht viel über das Alter aus. Wie alt ein Mensch wirklich ist, lässt sich auch an seiner Flexibilität ablesen: Kann ich noch Neues oder Anderes denken und zulassen oder gilt nur das, was ich immer dachte, wie ich immer Dinge anging, was ich für richtig halte? Wie anpassungsfähig bin ich noch? Es gibt viele verbitterte Alte, denen keiner etwas recht machen kann. An allem und jedem nörgeln sie herum.

Wer sich immer zu beschäftigen wusste, wird auch im Alter genug zu tun haben. Viele alte Menschen sitzen im Seniorenheim einfach nur gleichgültig, apathisch und tatenlos herum. Sie können sich zu nichts mehr aufraffen. Viele sind auf ihren Hass und Neid fixiert, weil sie schlimme Ereignisse ihres Lebens nicht verarbeitet haben. Viele können keine Hilfe annehmen, weil sie Hilfe immer ablehnten. Ein solcher Mensch wird im Alter störrisch, stur und bitter. Zumal oft nicht mehr der Wille den Ton angibt, sondern die Befindlichkeit des Körpers.

Wer schon mit dreißig, vierzig Jahren – oder womöglich noch früher – ständig über das Leben gejammert hat und an allem herumnörgelte, wird im Alter nicht gerade eine fröhliche Atmosphäre verbreiten. Wer sich schon in der Lebensmitte gehen lässt, wird im Alter ein schwieriger Mensch werden.

Wenn ich diese Aufzählung ansehe, die sicher nicht vollständig ist, sieht es düster aus, wenn ich an mein eigenes Älterwerden denke. Auch mich beschleicht eine Art Angst, die aber eine »besondere Qualität« hat. Während sich früher oder später fast alle Ängste auflösen, ist die Angst vor dem Alter latent vorhanden, weil sich die Gegebenheiten nie verändern werden. Im Gegenteil: Mit jedem vergangenen Tag, mit jedem Jahr kommt das Alter näher und die Zeit eilt um ein Vielfaches schneller, obwohl ich weiß, dass heute 60 Sekunden nicht schneller vergehen als in meiner Jugend.

Was ich jetzt schon lernen will und lernen muss, um nicht im Alter ein Fiasko zu erleiden, ist die Tatsache, dass ich Frieden mit der eigenen Vergangenheit schaffen muss. Wer Frieden mit sich, seiner Vergangenheit und den Mitmenschen geschlossen hat, wer sich selbst den Frieden erklärt hat, wird im Alter von zusätzlichen Belastungen nicht verschont. Das ist kein Schutz. Denn Sterben müssen wir alle – das steht am Ende eines jeden Lebens. Aber wie wir damit umgehen, können wir im Leben lernen.

Und so saß ich gar nicht mehr so zerknirscht vor meinem zerknitterten Brief mit der Einladung »für jeden über 55«. So ganz langsam kann ich mich auf den neuen Lebensabschnitt freuen.

Das Kind in uns

»Wenn man seine Kindheit bei sich hat, wird man nie älter«, sagte Johann Wolfgang von Goethe. Und im Matthäusevangelium 18,3 heißt es: »Wenn ihr nicht werdet wie die Kinder, so werdet ihr nicht ins Himmelreich kommen.«

Wir sollten uns öfter fragen, was wir Erwachsene von kleinen Menschen lernen können. Wenn kleine Kinder einen Turm aus Bauklötzen bauen und er fällt um, beginnen sie von vorne – oft so lange, bis es endlich klappt. Wenn Kinder traurig oder wütend sind, lassen sie ihren Kummer »raus« und sind kurz danach meistens wieder fröhlich und voll neuer Ideen. Kinder freuen sich über bunte Blätter und bewundern eine Kerze.

Erwachsene sind in der Regel längst nicht so unermüdlich und optimistisch, sondern haben das Staunen und Spielen verlernt, weil es angeblich nicht in das »harte, graue Alltagsleben« eines Erwachsenen passt. Dabei wissen nicht nur Therapeuten längst, dass viele Probleme der Großen weniger schlimm wären, wenn sie sich zumindest ein wenig vom kindlichen Umgang mit der Welt bewahrt hätten.

Was mit uns geschehen ist, kann man am besten erkennen, wenn man in alten Familienalben blättert. Die würdigen, dunkel gekleideten Herrschaften, die Großväter, Onkel und Tanten, die ihre Jugend um 1900 verbrachten, sehen auf den Fotos aus, als wären sie mindestens 50 Jahre alt – und waren in Wirklichkeit doch höchstens 30 oder 35 Jahre. Es scheint so, als wäre man damals schneller gealtert als heute. Und die zumeist verschlossenen Mienen lassen keinen Zweifel daran, wie ihre Träger gesehen werden wollten: als ernst zu nehmende Personen – und auf jeden Fall erwachsen!

Die heutigen 35-Jährigen schaudert es geradezu bei dem Gedanken, dass sie überhaupt jemals so alt aussehen könnten. Erwachsen werden will eigentlich auch niemand mehr so richtig, wie man zum Beispiel an der Mode sieht: 30- bis 50-Jährige können heute die gleiche Kleidung tragen wie die 15- bis 20-Jährigen. Mütter kleiden sich mit ihren Töchtern in Trendshops ein, Senioren tragen Jeans und offenes Hemd, Sportkleidung ist an kein Alter mehr gebunden. Heute kommt es mehr auf das »gefühlte Alter« an und das möchte man sich für den Rest seines Lebens erhalten.

Erich Kästner macht in seiner berühmten »Ansprache zum Schulbeginn«[6] das Kind in uns zum Thema:

»Lasst Euch die Kindheit nicht austreiben: Schaut die meisten Menschen legen ihre Kindheit ab, wie einen alten Hut. Sie vergessen sie wie eine Telefonnummer, die nicht mehr gilt. Ihr Leben kommt ihnen vor wie eine Dauerwurst, die sie allmählich aufessen und was gegessen worden ist, existiert nicht mehr.

Man nötigt Euch in der Schule eifrig von der Unterstufe über die Mittelstufe zur Oberstufe. Wenn Ihr schließlich droben steht und balanciert, sägt man die ›überflüssig‹ gewordenen Stufen hinter Euch ab, und nun könnt Ihr nicht mehr zurück!

Aber müsste man nicht in seinem Leben wie in einem Hause treppauf und treppab gehen können? Was soll die schönste erste Etage ohne den Keller mit den duftenden Obstborten und ohne das Erdgeschoss mit der knarrenden Haustür und der scheppernden Klingel? Nun – die meisten leben so. Sie stehen auf der obersten Stufe, ohne Treppe und ohne Haus und machen sich wichtig.

Früher waren sie Kinder, dann wurden sie Erwachsene. Aber was sind sie nun? Nur wer erwachsen wird und Kind bleibt, ist ein Mensch! Wer weiß, ob Ihr mich verstanden habt. Die einfachen Dinge sind schwer begreiflich zu machen.«

Bei Antoine de Saint-Exupéry, dem gelernten Piloten, ist der Absturz mit seinem kleinen Flugzeug in der Wüste der Beginn einer Rückbesinnung auf das »innere Kind«. Er beschreibt in seinem Büchlein »Der kleine Prinz«, wie er fernab der Zivilisation dem Kind in ihm wieder auf die Spur kommt. Denn in der Wüste ist er zurückgeworfen auf seine ganz ursprünglichen, menschlichen Bedürfnisse, z.B. seinen Durst. Während er sich sonst in seinem Leben unter all den vielen Menschen allein fühlte, ja sogar sich selbst von seinem Kind-Ich entfremdet hatte, begegnet er ausgerechnet in der Wüste einem Wesen, zu dem er eine Beziehung aufbauen kann.

Der kleine Prinz, der aus dem Nichts erscheint, stellt scheinbar ganz banale Fragen und erzählt selbst von scheinbar banalen Dingen. Aber diese Fragen und die Erzählungen bahnen sich ihren Weg durch das Dickicht des erwachsenen Geistes in das Herz des Piloten und lassen ihn sein ihm entfremdetes kindliches Gemüt neu entdecken.

Der kleine Prinz führt ihm mit seinen Erzählungen vor Augen, welche unwichtigen Dinge uns Erwachsene gefangen nehmen. Er zeigt die verschiedenen Arten von Erwachsenen, die alle, wie er selbst, allein auf einem sehr kleinen Stern leben.

Da gibt es einen König. Er steht für das Streben nach Autorität und Macht. Oder einen Eitlen, der ständig nur bewundert werden will, oder einen Geschäftsmann, der ununterbrochen mit dem Zählen aller anderen Sterne beschäftigt ist, die er für seinen Besitz erklärt hat, um so seinen Reichtum zu begründen. Und auf einem schrumpfenden Planeten gibt es einen Laternenanzünder, der bei immer häufiger werdenden Sonnenunter- und -aufgängen die Laterne ständig anzündet und auslöscht, ohne darüber nachzudenken, ob seine Aufgabe noch sinnvoll ist.

Ein Geograph erstellt an seinem Schreibtisch wissenschaftliche Karten von Regionen des Weltalls, ohne selbst einmal etwas davon gesehen zu haben. Wirkliche Erfahrungen zählen für ihn nicht, sondern lediglich das, was er vermeintlich der Wissenschaft hinterlässt.

Diese Beispiele, die uns der kleine Prinz vor Augen führt, zeigen, dass sich Menschen abhängig machen und allein auf »einem Planeten« leben, gefangen in ihrem sinnlosen, selbstverordneten Kampf, voller Ernst, freudlos, aus Furcht, den Kampf zu verlieren. Nur einer, von dem der kleine Prinz uns auch noch erzählt, der Säufer, gibt sich bereits verloren. Er bereitet sich selbst die Niederlagen und vernebelt all seinen Schmerz durch seine Sucht.

All diese Menschen kann eine Begegnung mit dem kleinen Prinzen nicht verändern, weil ihr Weg zurück zum kindlichen Geist verbaut ist. Damit eine Begegnung außerhalb des geschäftigen Alltags wirklich Licht in unser Dickicht bringt und uns zu unserm kindlichen Geist zurückfinden lässt, bedarf es mehr. Der kleine Prinz bringt es dem Piloten nahe, indem er ihm von dem Fuchs erzählt. Der Fuchs wollte, dass ihn der kleine Prinz »zähme«:

»Zähmen, das ist eine in Vergessenheit geratene Sache«, sagte der Fuchs. »Es bedeutet: sich ›vertraut machen‹.«

»Vertraut machen?« »Gewiss«, sagte der Fuchs. »Du bist für mich noch nichts als ein kleiner Knabe, der hunderttausend kleinen Knaben völlig gleicht. Ich brauche die nicht, und du brauchst mich ebensowenig. Ich bin für dich nur ein Fuchs, der hunderttausend Füchsen gleicht. Aber wenn du mich zähmst, werden wir einander brauchen. Du wirst für mich einzig sein in der Welt. Ich werde für dich einzig sein in der Welt …«

Im weiteren Verlauf bittet der Fuchs den kleinen Prinzen, ihn zu zähmen.

»Ich möchte wohl«, antwortete der kleine Prinz, »aber ich habe nicht viel Zeit. Ich muss Freunde finden und viele Dinge kennenlernen.«

»Man kennt nur die Dinge, die man zähmt«, sagte der Fuchs. »Die Menschen haben keine Zeit mehr, irgendetwas kennenzulernen. Sie kaufen sich alles fertig in den Geschäften. Aber da es keine Kaufläden für Freunde gibt, haben die Leute keine Freunde mehr. Wenn du einen Freund willst, so zähme mich!«

»Was muss ich da tun?«, sagte der kleine Prinz.

»Du musst sehr geduldig sein«, antwortete der Fuchs. »Du setzt dich zuerst ein wenig abseits von mir ins Gras. Ich werde dich so verstohlen, so aus dem Augenwinkel anschauen, und du wirst nichts sagen. Die Sprache ist die Quelle der Missverständnisse.«

Dann schildert der Fuchs die Behutsamkeit, mit der sich beide näher kommen. Als die beiden sich dann nach einer Zeit wieder trennen, tut das weh, doch dieser Schmerz ist es wert, weil beide ihn in kindlicher Unmittelbarkeit und Lebendigkeit fühlen. Und der Fuchs erzählt dem Prinzen zum Abschied sein Geheimnis:

»Es ist ganz einfach: Man sieht nur mit dem Herzen gut. Das Wesentliche ist für die Augen unsichtbar.«

Wenn wir anderen mit einem kindlichen Geist begegnen, dann erblicken wir durch das Dickicht dessen, was uns sonst behindert oder blockiert, das Wesen des anderen Menschen. Und der andere Mensch erkennt sich selbst in dem, was wir ihm spiegeln. So zähmen wir einander und werden vertraut – und diese Vertrautheit bleibt, die Freude und auch der Schmerz, den wir mit dem anderen teilen, auch wenn der andere nicht mehr da ist.

Der abgestürzte Pilot schreibt sich in seinem Büchlein auch die Traurigkeit von der Seele, die ihn ergreift, wenn er an den kleinen Prinzen denkt. Aber er will uns auch daran teilhaben lassen, was es heißt, wieder neu und unmittelbar mit einem kindlichen Gemüt zu fühlen und mit dem Herzen zu sehen.

Wer alt werden und jung bleiben will, muss Raum schaffen für das Kind in sich.

Chancen und Herausforderungen erkennen

Wer heute 60 wird und dann oft bereits in Rente oder Pension ist, hat meist noch ein Drittel seines Lebens vor sich. Es kann für diese Menschen nicht sinnvoll und erfüllend sein, wenn sie nur noch von einer Mahlzeit bis zur anderen warten und ein Tag wie der andere abläuft.

Die Gewohnheiten haben uns oft zäh im Griff. Darum fällt es uns gar nicht so leicht, eine neue sinnvolle Struktur in unseren Tagesablauf zu bringen. Wir müssen uns schon einen »Stoß« geben und den festen Vorsatz fassen, etwas Neues, Sinnvolles zu tun. Stellen Sie sich vor, dass Ihnen ein neues Zeitkonto geschenkt worden wäre, »denn es ist nicht wenig Zeit, die wir haben, es ist viel Zeit, die wir nicht nutzen!« So mahnte Seneca.

Vielleicht erinnern Sie sich an Wünsche, die Sie sich aus Zeitmangel nie haben erfüllen können, wie z.B. Bridge zu lernen, Ihre Fremdsprachenkenntnisse aufzufrischen oder in einem Laientheater mitzuspielen.

Oder Sie suchen eine Aufgabe, bei der Sie etwas für andere Menschen tun können.

Z.B. könnten Sie Schulkinder betreuen, deren Eltern arbeiten, Senioren in Altenresidenzen besuchen, sich als »Grüne Dame« um die seelische Betreuung von Patienten in Krankenhäusern kümmern.

Manchmal hilft auch der Zufall dabei, ein vollkommen neues Aufgabengebiet zu finden: So kam z.B. Brigitte, 63 Jahre, über eine kleine Kontaktanzeige, in der eine Gesellschafterin für eine ältere Dame gesucht wurde, zu einer neuen, erfüllenden Lebensaufgabe.

Die Chance, eine passende Aufgabe zu finden, ist groß. Allerdings sollten die mit ihr verbundenen Herausforderungen auch nicht unterschätzt werden. Vor allem sollte man sich darüber klar sein, dass solche Aufgaben Kontinuität und Beständigkeit voraussetzen.

Mehr dazu finden Sie im Kapitel 4: Aktivität und Vitalität im Alter.

Endlich frei und unabhängig sein

Ein Leben lang träumten wir davon, frei von allen Verpflichtungen und Zwängen zu sein, endlich zu tun, was wir wollen, endlich selbstbestimmt zu leben. Wenn wir zur Altersgruppe 60plus gehören und aus dem Erwerbsleben ausgeschieden sind, haben wir hierzu die Chance.

Die geschenkte Zeit, die uns in diesem Alter zur Verfügung steht, und die Sicherung durch die Rente oder Pension bieten große Freiheiten und Unabhängigkeit. Man kann sich engagieren, man muss es aber nicht. Man hat die Freiheit und die Auswahl, das zu tun, was man immer schon tun wollte und das, was einem Spaß macht. Der Spaßfaktor trägt erheblich zur Lebensfreude und Lebensqualität bei.

Viele Ältere möchten gern noch etwas Sinnvolles tun, aber sie scheuen eine gewisse Regelmäßigkeit und Festlegung, die ihre gerade gewonnene Freiheit wieder beschneidet. Oft wissen ältere Menschen aber auch nicht so recht, was sie machen möchten, oder sie trauen sich etwas Neues nicht zu. Doch die Orientierung am subjektiv Bedeutsamen ist Übungssache. Um etwas Neues in sich zur Welt kommen zu lassen, müssen hinderliche Denk- und Verhaltensgewohnheiten »beiseite gelegt« werden, damit Neues eine Chance hat, sich entwickeln zu können. Freiheit und Unabhängigkeit nutzen kann man nur dann, wenn man neues Denken zulässt und aufgeschlossen und neugierig bleibt.

Bestimmt kennen Sie als Ruheständler die inquisitorischen Fragen Ihrer früheren Arbeitskollegen, Ihrer Nachbarn und Freunde: »Was machst du denn eigentlich den ganzen Tag?« Sie kommen durch solche Fragen in eine unangenehme Rechtfertigungshaltung. Sie müssen mit den Vorurteilen derer, die noch im Erwerbsleben integriert sind, leben lernen oder Menschen aus ihrer Vergangenheit ausweichen und sich mit denen zusammentun, die wie Sie bereits die Phase des selbstbestimmten Lebens erreicht haben. Vielfach ist auch etwas Neid dabei, dass Sie nun »fürs Nichtstun Geld bekommen« und Zeit haben, Ihr Leben zu genießen, Reisen zu unternehmen, Hobbys auszuleben und alles tun zu können, wovon Berufstätige nur träumen.

Was hindert uns daran, unsere neue Freiheit und Unabhängigkeit zu genießen? Wieso denken wir bei »Altwerden« vor allem an Mängel, klagen über Verlorenes und trauern Unausgelebtem nach? Erwartet uns nicht auch eine neue Freiheit? Viele Dinge müssen nicht mehr getan werden, mit gesellschaftlichen Konventionen können wir lockerer umgehen. Ein breiter Fächer an Gestaltungsmöglichkeiten tut sich für die späten Jahre auf.

Immer häufiger höre ich in meinen Seminaren ältere Frauen, die ein Leben lang für andere da waren, sagen: Jetzt geht's um mich, endlich will ich leben wie ich will – oder: Die Freiheit nehm ich mir!

Jahrzehntelang funktionierten diese Frauen präzise wie ein Uhrwerk – am Arbeitsplatz und in der Familie. Ein Termin jagte den nächsten. Die Belastungen waren enorm, weil diese Frauen sich um jeden und alles kümmerten und erst zuletzt um sich selbst. Diese Frauen in der Altersgruppe 60plus haben entdeckt, wie unglaublich gut es tut, sich selbst zu lieben und ohne schlechtes Gewissen sich selbst etwas Gutes zu tun, um Lebensfreude aufzutanken, Gelassenheit und Ausgeglichenheit zu gewinnen. Sie nehmen sich vom Leben, was sie brauchen und worauf sie lange verzichtet haben.

Doris, 63 Jahre, hat nach einem Schicksalsschlag das Ruder herumgerissen:

»Ich bin Mutter, Ehefrau und Lehrerin und wenn ich all das beiseite lasse, stellt sich mir oft die Frage, was dann bleibt. Mein Tag war eingeteilt, ich lief wie auf Schienen. Vor sieben Jahren verunglückte mein Mann unterwegs. Bisher verdrängte Fragen ließen sich nun nicht mehr verdrängen. Ich musste mich ihnen stellen, eine Neuorientierung und ein Neuanfang mussten her. Ich nahm mir eine kleine Wohnung und trennte mich von vielen

Dingen. Das entrümpelte mein Leben. Ich habe gelernt: Jeder braucht Zeit, auch für sich selbst. Und die nehme ich mir heute. So beginne ich heute jeden Tag mit Tai-Chi. Das schlechte Gewissen habe ich abgeschafft!«

Christa, 59 Jahre, stellte ihren Beruf über alles. Das ist jetzt vorbei:

»Über Jahrzehnte stand für mich meine Arbeit in einer Verlagsredaktion an erster Stelle. Zehn bis zwölf Stunden im Büro waren für mich normal. Hunderte von Verabredungen sind in den letzten Jahren geplatzt, bis ich irgendwann gar keine privaten Pläne mehr hatte. Mein Chef verlangte viel von uns, von sich selbst aber auch nicht weniger. Vor zwei Jahren starb er plötzlich an einem Herzinfarkt. Das brachte mich ins Grübeln und zum Überdenken meines Lebens. Auch ich hatte in all den Jahren Raubbau betrieben. Ich spürte, dass es allerhöchste Zeit war, umzusteuern und mehr Zeit für mich zu haben. Ich begann, neue Prioritäten zu setzen und dafür bei der Arbeit kürzerzutreten. Ich leiste mir wieder Muße und finde wieder Freude an den kleinen Dingen, die auf der Strecke geblieben waren. Endlich schaffe ich es auch wieder, ein Buch zu lesen, ohne dass mir nach der dritten Seite die Augen zufallen. Ich habe auch meine Freude daran wiederentdeckt, meine Wohnung schön zu gestalten. Das Allerbeste aber ist, dass ich wieder private Verabredungen habe.«

Elke, 58 Jahre, war in ihrer Familie stark eingespannt. Von ihrer Freundin hat sie gelernt, auch mal an sich selbst zu denken und genau das zu tun, wonach ihr der Sinn steht.

»Ich habe viel zu spät damit begonnen, auch mal an mich selbst zu denken. Erst die Arbeit, dann das Vergnügen, mit solchen Sprüchen bin ich aufgewachsen und habe sie verinnerlicht. Ich habe drei Kinder, die inzwischen alle schon aus dem Haus sind. In meinem früheren Fünf-Personen-Haushalt gab es immer etwas zu tun. Mein spezielles Handicap bestand darin, dass ich nun mal keine Arbeit liegen lassen konnte. Ich hatte nicht eher

Ruhe, bis das Haus tipptopp war. Inzwischen habe ich es gelernt, großzügig mit mir zu sein und kann auch schon mal Dinge liegen lassen. Ich gestatte es mir immer öfter, aus dem Alltagstrott auszusteigen und mir mehr Zeit für mich selbst zu nehmen. Und wenn ich es getan habe, merke ich, wie gut es tut, loszulassen. Neulich habe ich mir selbst einen Urlaub als Auszeit verordnet, in dem ich nur das getan habe, wozu ich Lust hatte. Ich habe dabei ein ganz neues Lebensgefühl der totalen Freiheit und Unabhängigkeit entdeckt, das mir dabei hilft, mich auch gegen Totalvereinnahmung als Oma zu schützen.«

Lustige Witwen genießen ihr Leben

10 Prozent der Deutschen sind verwitwet; davon sind 85 Prozent Frauen, davon wieder 85 Prozent über 60 Jahre alt. Eine Frau wird durchschnittlich mit 68 Jahren Witwe.[7]

Wie leben diese Frauen? Beherrscht die Trauer um den Ehemann nach wie vor ihr Leben? Oder betrachten sie den Verlust womöglich auch manchmal als Befreiung? Bei manchen, nicht besonders glücklichen Ehen kann man den Eindruck gewinnen, einer Frau könne nichts Besseres passieren, als von ihrem Mann verlassen zu werden, auf welche Weise auch immer. Ebenso plötzlich, wie manch ein Mann verschwindet, verschwinden auch diverse Zipperlein wie Schlafstörungen, Migräne, Depression, Essstörungen, Nervosität. Ohne diese Dauerstörungen macht das Leben einfach wieder Spaß und es kann ganz neu und selbstbestimmt beginnen. Der Druck ist weg und es ergeben sich viele gute Gelegenheiten, unbeschwert und unbelastet Lebensfreude zu empfinden und zu genießen.

Schuld an der mangelhaften Lebensqualität von Ehefrauen ist das antrainierte Pflichtbewusstsein. Frauen – und ganz besonders Ehefrauen – fühlen sich für alles verantwortlich, für die Wäsche, den Zustand des Hauses und des Gartens, viele sogar für die Verdauung des Ehemannes. Um das grundlegend zu verändern, ist ein Umdenken erforderlich, zunächst bei betroffenen Ehefrauen selbst, aber auch bei den dazugehörigen Ehemännern. Es wäre doch zu traurig, erst auf den Tod des anderen warten zu müssen, um sich, zumindest partiell, selbst verwirklichen zu können, oder? Witwe zu sein oder zu werden kann also nicht die Methode der Wahl sein, um bewusst und selbstbestimmt zu leben.

Viele Witwen blühen regelrecht auf, verwirklichen sich in allen möglichen Bereichen und gönnen sich etwas vom Leben. Ein Beispiel:

Plötzlich und unerwartet wurde Herr B., 59, durch einen Autounfall aus dem Leben gerissen. Die Traueranzeige in der Zeitung war von der Witwe verfasst und ging allen zu Herzen. Bei der Beerdigung hat die Witwe dann herzzerreißend geweint.

Es dauerte aber nicht lange, da kam die Wandlung. Aus der »trauernden Witwe« wurde, um es mit Franz von Lehar auszudrücken, eine »lustige Witwe«. Alles, was an »ihn« erinnerte, wurde verbannt. Endlich konnte sie allein bestimmen und das Haus nach ihrem Geschmack einrichten. Geld war kein Problem. Eine gute Lebensversicherung machte es möglich. Nur fünf Monate nach dem tragischen Tod ihres Mannes gönnte sich Frau B. eine Traumreise nach Hawaii.

Sie werden sich bestimmt fragen, wie so etwas möglich ist. Für Soziologen und Psychologen ist das Verhalten von Frau B. nicht überraschend. Es bestätigt die Beobachtung, dass Frauen besser allein leben können als Männer und auch nach einer Trennung, Scheidung oder dem Tod des Partners viel besser mit sich und dem neuen Leben klarkommen.

Es gibt viele wohlhabende, ältere Herren, die sich für ihr Vergnügen mit jungen Frauen umgeben und diesen im Gegenzug ein Leben bieten, in dem es ihnen an nichts fehlt. Das ist für uns alle schon ganz normal geworden. Doch wie reagieren die meisten Menschen darauf, wenn eine Witwe sich einen jüngeren Lover zulegt? Passt nicht, würden Sie sagen? Dann liegen Sie aber falsch, denn auch diese Konstellation kann für beide Seiten sehr schön und aufregend sein.

Gudrun, Witwe in den besten Jahren, äußert sich freimütig:

»Ich bin 63 und seit fünf Jahren verwitwet. Inzwischen habe ich beschlossen, mein Leben wieder in die Hand zu nehmen und es noch einmal richtig zu genießen und dazu gehört für mich ein Mann. Ja, ich leiste mir einen Gigolo, der mich verwöhnt und mir jeden Wunsch von den Augen abliest, und ich habe damit kein Problem. Heiraten möchte ich nicht mehr und mit einem Mann zusammenleben auch nicht. Also ist diese Form einer Beziehung

nahezu ideal für mich, Genuss ohne Reue, Pflichten oder Verantwortung. Ich habe meinen verstorbenen Mann sehr geliebt und fühlte mich schrecklich, als er starb. Ein paar Jahre später kam dann die Einsamkeit, und ich suchte per Inserat nach einem Mann, der mir Nähe, Zärtlichkeit und Geborgenheit geben sollte. Anfangs zweifelte ich, ob diese Form einer Beziehung das Richtige für mich sein könnte. Doch als ich dann Udo kennenlernte, vergaß ich meine Zweifel schnell.

Uns beiden war von Anfang an klar, worauf die Beziehung hinauslaufen würde. Ich wusste, dass Udo an meiner Lebensweise und an meinem Geld interessiert war. Deshalb habe ich ihm auch gleich erklärt, dass ich ihm gern ein schönes Leben ermögliche, wenn er mir im Gegenzug ein paar einfache Wünsche erfüllt. Es ist sozusagen ein Geben und Nehmen – fast mit einem mündlichen Vertrag zu vergleichen. Ich genieße es, wenn ich Udo mit exklusiven Geschenken eine Freude machen kann und ich genieße es genauso, wenn er auf meine Wünsche eingeht und mir Nähe und auch Zärtlichkeit schenkt. Es muss nicht immer gleich Liebe sein. Liebe ist ein großes Gefühl und ich denke, die wirkliche Liebe spürt man nur einmal im Leben. Ich hab sie mit meinem Mann gespürt und gelebt. Mit Udo verbindet mich eine Zuneigung. Wir mögen und respektieren einander. Das reicht uns auch vollkommen aus, alles andere würde die Beziehung zerstören oder einen von uns einengen. Ab und zu haben wir auch Sex miteinander. Ich denke, für mein Alter bin ich noch recht attraktiv und so ist es für Udo noch keine große Zumutung. Allerdings ist mir der Sex gar nicht so wichtig. Viel lieber lasse ich mich von Udo massieren oder lehne mich einfach an ihn an. Das gibt mir ein wohliges Gefühl. Um einen sehr viel jüngeren Mann zu halten, muss man wissen, dass dieser andere Interessen hat und dafür muss man ihm seine Freiheit lassen. Udo ist von meiner Seite aus ein freier Mann. Er kann tun und lassen, was er will, solange er ab und an für mich da ist. So ist es für mich auch kein Problem, wenn er noch eine Freundin hat.«

Ich akzeptiere mein Alter

Was ist schon Alter? Ist man so alt, wie man sich fühlt? Fühlt man sich so alt, wie man ist? Gibt es so etwas wie ein »gefühltes Alter«? Eine ältere Frau sagte mir einmal: »Alter ist die Anpassung an Veränderungen und Reduzierungen, und es ist anders schön als die vorausgegangenen Lebensphasen.«

Klara, 79 Jahre:
»Meine Mutter, meine Großmutter und meine älteste Schwester sind 95 Jahre alt geworden und haben nie gejammert. Insofern habe ich drei positive Vorbilder, die es mir ermöglichen, mein Alter positiv anzunehmen. Ich habe mir zum Motto gemacht, nicht zu stöhnen, sondern immer das Beste aus jedem Alter zu machen. Ich liebe das Leben, so wie es ist, bin voller Ideen und habe viele nette Menschen um mich herum. Was will ich mehr? Ich möchte mit dieser Haltung bis an mein Lebensende durchhalten. Ich habe in meinem bisherigen Leben erfahren, dass jedes Jahrzehnt, jede neue Phase auf seine ganz besondere Weise schön war.«

Auch der Mainzer Kardinal Karl Lehmann mischte sich mit einem Aufruf[8] in die Debatte um das Alter ein, »sein Leben im Alter anzunehmen und Ja zu sich zu sagen«. Diese Annahme des Alters bringe es mit sich, dass das Älterwerden und das Altsein nicht nur einen Verfall, »sondern eine ursprüngliche Form positiven Lebens darstellt, das eine eigene Produktivität aufweist«. Dazu gehöre auch, »dass man eine volle Freude hat an dem, was man jetzt genießen kann«. Wer sein Leben im Alter in dieser Weise annehme, für den könne das Alter eine eigene Würde und Selbstständigkeit bekommen. Er räumte ein, dass die Annahme des Alterns nicht ohne Krisen ablaufe.

Die erste wirkliche Krise erleben vor allem Frauen, die Veränderungen in ihrem Aussehen feststellen und Probleme bekommen, sich mit diesen Veränderungen zu identifizieren. Der Schönheits- und Jugendwahn macht es älteren Menschen schwer, sich auch im Alter gut und attraktiv zu fühlen. Besonders Frauen, die in der Öffentlichkeit stehen, suchen dann Hilfe beim Schönheitschirurgen.

Aber wie soll man sein Alter lieben, wenn man sich mit seinem Gesicht nicht mehr identifizieren kann? Hildegard Knef, die so stark gestrafft war, dass ihr Gesicht fast maskenhaft erschien, beschreibt in einem Interview ihre Schwierigkeiten, ihr Alter anzunehmen, mit den Worten:

»Was bleibt, ist das, was man jeden Morgen im Spiegel betrachten kann und das ist nicht erfreulich. Insbesondere nicht, wenn man mal als Sünderin nackt auf der Leinwand erschienen ist mit einem sehr schönen Körper. Und plötzlich kann man sich mit seinem eigenen Körper nicht mehr identifizieren. Das versetzt wohl jede Frau jeden Morgen in einen Schockzustand.«

Fernsehschauspielerin Ruth Maria Kubitschek will wegen ihrer Falten nicht mehr lange drehen: »Noch zwei, drei Jahre – dann höre ich mit der Schauspielerei auf«, sagte die 75-Jährige der Fernsehzeitschrift Gong. Sie sehe auf dem Bildschirm oft älter aus als im wirklichen Leben. »Wenn ich noch mehr Falten kriege, mag ich mich nicht mehr auf dem Bildschirm sehen. Das kann ich nicht ertragen.« Es widerspreche ihrem »Schönheitssinn«, sich ein faltiges Gesicht im TV anzusehen, sagte Kubitschek. Außerdem wolle sie nicht »nur noch Urgroßmütter« spielen.

Und Iris Berben meint dazu:

»Doppelkinn und Tränensäcke finde auch ich nicht schön, versuche aber mit den Ansätzen bei mir zu leben. Ich will ja nicht immer die ewig jugendliche Schauspielerin darstellen, die eigentlich gar nicht mehr existiert. Auch ich werde älter und mein Gesicht verändert sich. Das gehört eben zum Leben. Aber auch ich schließe nicht aus, mir eines Tages mein kleines Doppelkinn korrigieren zu lassen. Allerdings versuche ich mit mir alt zu wer-

den, so wie ich bin. Aber wenn jemand mit sich selbst nicht zufrieden ist und zum Beispiel seine Augenlider straffen möchte – warum nicht? Wenn es seinem Ego gut tut! Ich finde, auf diesem Gebiet muss alles erlaubt sein, was einen Menschen zufriedener und glücklicher macht.«

Aber es gibt auch Menschen, die vorbehaltlos zu ihrem Alter stehen: Denken Sie beispielsweise an Inge Meysel! Sie ließ sich nicht verjüngen, sondern akzeptierte sich mit ihren Falten und stand noch bis kurz vor ihrem Tod selbstbewusst vor der Kamera. Bewundernswert finde ich auch Margarete Mitscherlich: Ihr Gesicht ist trotz – oder vielmehr wegen – der Altersspuren enorm ausdrucksstark.

Wie man souverän mit dem Problem der Falten umgehen kann, lernte ich von meiner 40 Jahre älteren Freundin: Sie wurde eines Tages von ihrem Sohn gefragt: »Mutti, willst du dir nicht die Falten wegmachen lassen?« Darauf hatte sie eine klare Antwort: »Jede meiner Falten gehört zu mir und erzählt eine Geschichte.«

Mir waren ihre Falten überhaupt nicht aufgefallen, weil ich meine Freundin erst kennengelernt hatte, als sie bereits 82 Jahre alt war. Sie muss in ihrer Jugend sehr schön gewesen sein und ihrer edlen Gesichtszüge waren auch noch unter der inzwischen faltigen Haut klar zu erkennen. Ihre wahre Attraktivität lag aber in ihrem unnachahmlichen Naturell und ihrer Ausstrahlungskraft.

3. Fitness für mehr Lebensqualität

Sie kennen sicherlich das Zitat: »Mens sana in corpore sano«. Es stammt aus einer Satire Juvenals (47–113 n. Chr.). Die Satire handelt von der Torheit und Verderblichkeit der Gebete und Wünsche, die die Menschen an die Götter zu richten pflegten. Er mahnt, den Göttern selbst zu überlassen, uns das wahrhaft Ersprießliche zu gewähren und sie nur um körperliche Gesundheit und gesunden Menschenverstand zu bitten.

Wenn wir uns möglichst lange körperlich gesund und geistig fit halten, trägt das ohne Zweifel dazu bei, dass wir uns auch im Alter noch wohl fühlen. Wir können etwas dafür tun!

Die geistige Fitness im Alter

Gehirnjogging und Gedächtnistraining

Passiert Ihnen das auch immer wieder, dass Sie eine Information aus Ihrer Erinnerung abrufen wollen, und … es findet sich nichts im Gedächtnis? Sie wissen zwar, dass da mal etwas war, aber wie in einem unaufgeräumten Zimmer lässt sich der gesuchte Artikel einfach nicht auffinden? Ihre Augen gleiten mit suchendem Blick im Supermarkt über die Regale, nicht weil Sie auf der Suche nach etwas Bestimmten sind, sondern nur weil sie doch wissen: Da war doch noch etwas, was ich kaufen wollte? Wenn Ihnen solche Ärgernisse Kummer bereiten, fehlt Ihnen vielleicht ein wenig die Übung Ihres Gedächtnisses.

Aber woran liegt es nur, dass so viele Dinge tagtäglich aus unserem Gedächtnis verschwinden?

Vergessen ist zunächst ein ganz normaler Vorgang. Unser Gehirn sorgt dafür – ohne dass es uns bewusst ist –, dass nicht jeder Sinnesreiz, jede Information, die uns täglich erreicht, im Gedächtnis gespeichert wird. Unwichtiges wird von Wichtigem getrennt. Was uns aber gar nicht normal vorkommt, ist das Vergessen von bewusst aufgenommenen Informationen. Wenn wir über 60 Jahre sind, machen wir die Erfahrung, dass unsere Gedächtnisleistung abnimmt – zumindest dann, wenn wir nicht aktiv unsere »grauen Zellen« trainieren.

Ein untrainiertes Gedächtnis aber ist wie ein Schweizer Käse. Jüngste Studien an Ratten[9] haben bewiesen:

Wurden die Nager in einem anregungsarmen Milieu gehalten, starben die Tiere vor der Zeit – verblödet! Mussten sie dagegen Denksportaufgaben und körperliche Geschicklichkeitsübungen absolvieren, um an ihr Futter zu gelangen, wurden sie durchschnittlich eineinhalbmal so alt wie die »dummen« Ratten, und nur in dieser Gruppe gab es Methusalems.

Das Gleiche gilt für die Menschen: Geistig Trainierte leben

länger. Konzentrations- und Gedächtnisübungen sind optimale Herausforderungen für Ihre »grauen Zellen«. Sie lernen:

- sich besser zu konzentrieren
- sich Namen und Gesichter besser einzuprägen
- Ihren Fremdwort- und Zitatenschatz zu erweitern
- Ihre beiden Gehirnhälften zu synchronisieren

Und Sie werden damit zu wesentlich besserer Gedächtnisleistung kommen.

Was bringt ein gezieltes Gedächtnis-Training? Viele Gedächtnis-Übungen lassen sich auch allein durchführen. Kreuzworträtsel, Wortspiele oder Rechenübungen können dazu beitragen, das Gehirn fit zu halten. Manche Gehirntrainer empfehlen, häufiger die linke Hand zu benutzen, auch wenn man Rechtshänder ist. Außerdem lässt sich das Gedächtnis durch bestimmte Merkhilfen schulen. Um sich beispielsweise Namen oder Telefonnummern besser merken zu können, können verschiedene Tricks und Techniken, wie die sogenannten Memotechniken, helfen. Als Gedächtnis- bzw. Merkhilfen jeder Art sind auch Zitate, Sprüche oder Reime geeignet.

Sich Namen zu merken, fällt den meisten Senioren sehr schwer. Eine Methode sich einen neuen Namen einzuprägen besteht darin, sich diesen Namen als Bild vorzustellen. Besonders einfach lassen sich auf diese Weise Namen mit einer konkreten Bedeutung merken. Denn ohne Probleme kann man sich Herrn Fischer beim Angeln vorstellen oder Herrn Schreiner beim Schreinern.

Die Leistungsfähigkeit unseres Gehirns hängt auch von einer ausreichenden Blut- und damit Sauerstoffversorgung ab. Sauerstoffmangel schädigt die Nervenzellen. Bei einem Schlaganfall werden z.B. bestimmte Teile des Gehirns nicht mehr richtig durchblutet, die Nervenzellen in den betreffenden Gehirnbereichen werden dadurch geschädigt. Lähmungen, Sprach- oder Sehstörungen sind die Folge. Da Nervenzellen nicht nachwachsen, können die zerstörten neuronalen Netze nicht mehr regeneriert werden. Andere Nervenzellen können aber ihre Funktion übernehmen, ein möglichst frühzeitiges Training der ausgefallenen Funktionen ist entscheidend.

Soweit muss es allerdings nicht kommen. Die regelmäßige Förderung der Hirndurchblutung durch ausreichende Bewegung und geistiges Training helfen Ihre »grauen Zellen« auf Trab zu halten.

Im Internet finden Sie wissenschaftlich geprüfte Online-Programme, so bei Firmen wie www.schwabe.de/mental-aktiv, mit denen Sie auf unterhaltsame Weise Gedächtnis und Konzentration trainieren können. Sogar bei von Demenz-Krankheiten betroffenen Patienten konnte belegt werden, dass ein Hirnleistungstraining positive Effekte hat.

Auch pflanzliche Mittel wie der Ginkgo-Extrakt mit seinen durchblutungsfördernden Eigenschaften helfen, die Gedächtnisleistung zu steigern und Konzentrationsstörungen zu vermeiden. Der Extrakt verbessert den Energiestoffwechsel in den Nervenzellen und die Fließeigenschaft des Blutes. Das erklärt seine Wirkung bei durchblutungsbedingten Gedächtnisstörungen.

Es gibt eine Fülle spezieller Gedächtnisübungen, die jedermann ohne großen Aufwand machen kann. Auch das Alltagsgeschehen bietet Ihnen jede Menge Trainingsmöglichkeiten. Interessieren Sie sich dafür, was rund um Sie herum geschieht.

Eine gute Übung für das Gedächtnis ist, sich ein Foto oder ein Bild fünf bis zehn Sekunden lang anzuschauen, es dann abzudecken und sich dann an möglichst viele Details zu erinnern. Solche Übungen können auch zur Unterhaltung mit Freunden oder in der Familie gemacht werden. Memoryspiele mit Freunden oder der Familie und auch Kreuzworträtsel, die man allein machen kann, unterstützen die geistige Fitness. Darüber hinaus gibt es auch die Möglichkeit, spezielle Kurse oder Übungen in Volkshochschulen, kirchlichen Gemeinden, der Caritas oder in Seniorenzentren zu besuchen.

Wenn das Gedächtnis allerdings besorgniserregende Lücken und Aussetzer aufweist, muss professionelle Hilfe gesucht werden. Es gibt Memory-Kliniken, die ambulante Gedächtnissprechstunden anbieten. Bei Verdacht auf eine Demenzerkrankung können Ärzte und Psychologen krankhafte Gedächtnisstörungen frühzeitig erkennen.

Lernen im Alter

Es ist einfach schade, wenn Menschen ihre Möglichkeiten brachliegen lassen – weil sie sich durch Mottos wie »Was Hänschen nicht lernt, lernt Hans nimmermehr!« den Wind aus den Segeln nehmen. Denn die Fähigkeit zu lernen und sich weiterzuentwickeln, ist nicht für bestimmte Altersstufen reserviert, sondern bleibt das ganze Leben lang erhalten.

Berthold, 67 Jahre:
»Wenn du nicht in der Schule gelernt hast, mit zehn Fingern zu tippen, kannst du das nie wieder nachholen! Das habe ich als Kind und Jugendlicher von verschiedensten Leuten gehört – und natürlich geglaubt. Aber mit Ende 40 war ich so fasziniert davon, wie ästhetisch und elegant es ist, wenn jemand professionell tippen kann, dass ich es einfach selbst probieren wollte. Ich kaufte mir ein Selbstlernbuch, lernte und übte monatelang systematisch, bis ich es konnte.«

Rosel, 68 Jahre:
»Einen Spagat kann man nur als Kind lernen, weil man nachher dafür zu unbeweglich ist. Das bekam ich während meines Sportstudiums immer wieder zu hören. Also habe ich es erst gar nicht versucht. Inzwischen sind Jahrzehnte vergangen, in denen ich all das nachgeholt und mir angeeignet habe, was man ›eigentlich‹ als Erwachsener nicht mehr lernen kann. Mittlerweile kann ich auch den Spagat.«

Diese Aussagen zeigen: Lernen ist in jedem Alter möglich.

Lernen ist auch eine fundamentale Quelle für Zufriedenheit und Wohlbefinden:

- Man schöpft die eigenen Fähigkeiten aus, erlebt sich als aktiv und beweist sich selbst immer wieder, was alles in einem steckt. Das hat eine enorm befriedigende und motivierende Wirkung.
- Man macht Fortschritte in den Bereichen, in denen man übt und trainiert. Das ist nicht nur im praktischen Leben von großem Nutzen, sondern wirkt sich auch positiv auf die Zufriedenheit und auf das Selbstwertgefühl aus.
- Das Umfeld erlebt einen als aktiv, interessiert und offen und traut einem entsprechend viel zu.

Use it or lose it – dieser Satz gilt nicht nur für die körperlichen, sondern auch für die geistigen Fähigkeiten. Je intensiver und länger man sie ausübt, desto stärker werden sie. Je weniger man sie benutzt, desto mehr baut man ab. Und dann wird es natürlich immer schwieriger, wieder einzusteigen und das Training zu beginnen. Es ist nicht das Älterwerden an sich, was das Lernen schwerer macht – sondern die mangelnde Übung.

Bitte legen Sie sich selbst nicht auf Eis, indem Sie althergebrachte Klischees und Vorurteile über das Alter für bare Münze nehmen und sich entsprechend verhalten. Viel besser und hilfreicher ist es, davon auszugehen, dass der Mensch seine Lernfähigkeit trainieren und ein Leben lang erhalten kann.

Hans kann noch lernen, wenn er sich anstrengt!

In jungen Jahren lernen wir zwar schneller – Kinder können sich ganz flink auf neue Situationen einstellen. Dafür aber können wir im reifen Alter – wie bei einem Puzzle – Neues besser in schon vorhandene Strukturen einbauen. Bis sich der Mensch in der Welt, die ihn umgibt, zurechtfindet, muss er rasch lernen, aber mit steigender Lebenserfahrung kann er das Tempo drosseln.

Wer nicht aufhört, seinen Geist zu füttern, wirkt nicht greise. Das zeigen viele hochbetagte Musiker, Wissenschaftler oder politisch rege Menschen. Allerdings schöpfen ältere Menschen ihren Wissensvorrat häufig nicht mehr aus.

Gesundbrunnen Humor und Lachen

Charlie Chaplin meinte: »Ein Tag ohne Lachen ist ein verlorener Tag« und Walter Benjamin behauptete: »Für das Denken gibt es keinen besseren Start als das Lachen.« Humor und Heiterkeit sind Zeichen eines geglückten Lebens. Wer lacht, ist anderen sympathisch. Seit einigen Jahren wird sogar wissenschaftlich erforscht, warum die alte Volksweisheit »Lachen ist gesund« richtig ist. Wer öfters lacht, lebt gesünder.[10]

Auf einem Kalenderblatt fand ich folgenden Spruch eines unbekannten Verfassers:

»Wer morgens dreimal schmunzelt, mittags nicht die Stirne runzelt, abends lacht, dass alles schallt, der wird 100 Jahre alt!«

Es gibt also keinen Zweifel daran, dass das Lachen gut tut. Aber wie kann man Humor lernen und Lachen üben? Auch darauf gibt es eine Antwort. Mittlerweile haben sich sogar Lachclubs gegründet, es gibt eine »Gesellschaft zur Förderung des Humors in Therapie, Pflege und Beratung« und eine ganze Reihe von Arbeitsgemeinschaften, die sich mit dem Thema befassen.[11]

Humor bedeutet, komische, unerwartete oder auch paradoxe Situationen erkennen und verarbeiten zu können. Humorvolle Menschen verfügen über eine heiter-gelassene Gemütsverfassung. Wer mit Humor ausgestattet ist, dem gelingt es, die Schattenseiten des Lebens mit heiterer Gelassenheit, einer gesunden Distanz und geistiger Überlegenheit zu betrachten. Humor ist also eine Haltung der Welt gegenüber – und das schließt die eigene Person ein –, die man durchaus erlernen und sich zu eigen machen kann.

Humor wirkt deeskalierend und fördert ein entspanntes Klima durch gemeinsames Lachen oder Schmunzeln. Humor hilft in Konfliktsituationen und beim Stressabbau, ist Kommunikationsmittel und zeugt von einer positiven Lebenseinstellung. Eine heitere Stimmung, ein Lächeln, ein Augenzwinkern, eine scherzhafte Bemerkung, ein lockerer Spruch, eine nette Geschichte, eine Berührung schaffen zwischen Menschen schnell Vertrauen, bringen Erleichterung und dämpfen negative Emotionen und Stress.

Humor ist ein Alleskönner, der verhindert, dass der Mensch Patient wird. Er lenkt ab von oft zermürbenden Gedanken, er verändert schlagartig angespannte Situationen und löst Beklemmung, Scham- und Angstgefühle und verringert die Distanz zwischen Menschen.

Humorvolle Menschen besitzen Selbstironie und haben die Gabe, über sich selbst lachen zu können. Humorvoll und voller Selbstironie finde ich auch diese Kontaktanzeige eines älteren Mannes: »Mann mit Tränensäcken sucht Frau mit Lachfalten!«

Lachen ist die eleganteste Art, anderen die Zähne zu zeigen und vor allem gesellschaftlicher Klebstoff. Lachen zielt darauf ab, Gemeinsamkeiten zu schaffen und soziale Orientierung zu geben. Denn wenn eine Gruppe über das Gleiche lacht, zeigt sie damit Verbundenheit untereinander. Die Lachenden fühlen sich als Komplizen. »Lache, und die Welt lacht mit dir, weine, und du weinst alleine!«, sagte der große Charly Chaplin.

Wer zu Hause nichts zu lachen hat oder sich nicht traut, sollte mehr Zeit mit Menschen verbringen, die gern lachen, denn Lachen wirkt ansteckend. Die Gesellschaft solcher Menschen ist wirksamer als jedes Antidepressivum. Was besonders Frauen interessieren wird: Lachen macht schön, denn anders als beim Weinen, was Sorgenfalten erzeugt, straffen die Mimikmuskeln, die beim Lachen beansprucht werden, die Haut. Erhalten Sie sich Ihren Humor und Ihre Heiterkeit und frischen Sie beides auf, indem Sie täglich mit jemandem reden, der Humor hat.

Kennen Sie diesen Spruch:

»Mit zwanzig Jahren hat jeder das Gesicht, das Gott ihm gab, mit vierzig das Gesicht, das ihm das Leben gab und mit sechzig das Gesicht, das er verdient.«

Dass wir alle älter und vielleicht nicht gerade schöner werden, ist eine bekannte Tatsache. Wenn die äußere Schönheit uns verlässt, müssen wir mit innerer Schönheit punkten, mit unserer Ausstrahlung. Mimikfältchen und Lachfalten zeigen uns zuverlässig, mit wem wir es zu tun haben, denn Falten sind die Seiten im Lesebuch des Lebens. Sie erzählen viele Geschichten. Achten Sie also nicht auf die Falten selbst, sondern darauf, was und wovon diese Falten erzählen!

Die älteste Frau der Welt, eine Französin, die 122 Jahre alt wurde, antwortete auf die Frage von Journalisten, wie sie denn mit ihren Falten zurechtkomme: »Falten, dass ich nicht lache, ich habe nur eine, und auf der sitze ich meistens!« Das ist Selbstironie und Humor der besten Sorte. Wer sich so präsentiert, ist für andere ein Magnet.

Mein Plädoyer für alle »reiferen Menschen«: Stehen Sie selbstbewusst zu Ihrem Alter! Das wirkt besser als jede Pflegeserie für die »reife Generation«. Es gibt preiswertere Mittel, um schön auszusehen! Setzen Sie auf Lachfalten statt Faltencreme und nutzen Sie Ihr Lachen als Geheimwaffe, um andere für sich zu gewinnen!

Es ist eine bekannte Tatsache: Wer lacht, hat es leichter im Leben. Lachen steckt an, auch das ist wahr. Lachen und Lächeln schlägt eine Brücke von Mensch zu Mensch, Lachen macht gute Laune, schön und erfolgreich. Obwohl das bekannt ist, wird unter Erwachsenen viel zu selten gelacht. Gibt es nichts mehr zu lachen oder haben Sie vor lauter Stress keinen Sinn mehr für Humor? Dann trainieren Sie Ihr Lachen und setzen Sie damit einen positiven Kreislauf in Gang, denn wer lacht, holt sich Heiterkeit zurück. Wer »gut drauf« ist, kann herzlicher und intensiver lachen und das wiederum steigert die gute Laune. Wenn Lachen eine Wunderwaffe ist, gilt es, sie nutzen zu lernen!

Entdecken Sie das Lachen als Quelle von Lebensfreude. Nicht jedem ist Humor mit in die Wiege gelegt worden, aber eine gesunde, positive Lebenseinstellung, bei der gern und viel gelacht wird, kann erlernt werden.

»Lachen ist gesund« – diese alte Volksweisheit, ist besonders in der letzten Zeit wieder verstärkt ins öffentliche Bewusstsein gerückt und hat Eingang in medizinische Heilbehandlungen gefunden. Mittlerweile werden weltweit, ausgehend von den USA,

Klinik-Clowns in der Therapie eingesetzt. Mit Humor und Späßen wollen sie einen therapeutischen Effekt erzielen. Forschungsergebnisse zeigen, dass im Körper beim Lachen Prozesse ablaufen, die gesund machen. Das Immunsystem wird gestärkt, Endorphine (Glückshormone) werden ausgeschüttet, und dadurch wird der körperliche und psychische Heilungsprozess gefördert.[12]

Auch in Seniorenheimen hat sich der Einsatz der lustigen Besucher bewährt. Vor allem bettlägerige Senioren und Demenzkranke blühen in der Gesellschaft der Clowns regelrecht auf. Sie zeigen wieder Neugier und Freude und finden Kraft zur Kommunikation. Der soziale Rückzug wird so für einige Zeit unterbrochen. Mit ihren bunten Kostümen, ihren Spielen und Zaubereien sorgen Clowns dafür, dass für Momente der Alltag vergessen werden kann und Trost und Hoffnung getankt wird.

Haben Sie heute schon gelacht? Wenn nicht, dann beachten Sie folgende Tipps:

- Schauen Sie sich Sketche oder Kabarettsendungen an oder lesen Sie Witze als geistige Vitaminspritze.
- Wenn es mal nicht so richtig klappt, setzen Sie den »Lachsack« ein.
- Machen Sie sich immer wieder bewusst: Lachen ist sehr gesund und macht das Leben leichter. Ein Tag, an dem Sie nicht gelacht haben, ist ein verlorener Tag.
- Suchen und genießen Sie bewusst Freude, Spaß und Ausgelassenheit.
- Starten Sie in den Tag in guter Stimmung. Morgendliche Heiterkeit prägt Ihren Tag.
- Machen Sie sich ein Tagesprogramm mit fröhlichen und lebensbejahenden Gedanken.
- Führen sie beschwingte und motivierende Selbstgespräche.
- Machen Sie jeden Tag jemandem eine Freude. Eine gute Tat zaubert ein Lächeln der Freude auf das Gesicht des anderen und die eigene Glückseligkeit wächst.

- Vermeiden Sie Dauerkontakte mit Miesepetern, Sauertöpfen, Nörglern oder chronisch Unzufriedenen. Es herrscht allerallerhöchste Infektionsgefahr!

Lächeln – eine Brücke von Mensch zu Mensch

Es verschafft dem Müden eine Pause,
Aufmunterung dem Mutlosen,
Sonnenschein dem Traurigen
und ist der Natur bestes Mittel gegen Sorgen.
Es ist nicht zu kaufen, zu leihen oder zu stehlen.
Seinen Wert erhält es dadurch, dass man es verschenkt.
Mancher Mensch ist zu müde, um dir ein Lächeln zu schenken.

Schenke du ihm ein Lächeln von dir,
denn es hat niemand so sehr ein Lächeln nötig wie der,
der kein Lächeln mehr geben kann.
Ein Lächeln kostet nichts, aber es gibt so viel.
Es bereichert die, die es erhalten,
ohne diejenigen ärmer zu machen, die es geben.
Niemand ist so reich oder so mächtig,
dass er ohne es auskommt und niemand ist so arm,
dass er es sich nicht leisten könnte.

Ein Lächeln erzeugt Fröhlichkeit zu Hause,
fördert Wohlwollen im Beruf,
ist ein Erkennungszeichen der Freundschaft.
Und wegen dieser Gründe sende ich dir
ein herzliches, liebes und aufrichtiges Lächeln von mir.

Unbekannter Verfasser

Seelenhygiene – Die Überwindung negativer Emotionen

Die gesundheitsschädlichen Wirkungen negativer Gefühle

Negative Gedanken und Gefühle sind besonders im vorgerückten Alter belastend und sogar gesundheitsgefährdend. Welchen Einfluss unsere Gefühle auf unser Befinden haben, habe ich in meinem Buch »Erste Hilfe bei Kränkungen«[13] ausführlich beschrieben.

Bereits Hildegard von Bingen, die berühmte und kluge Benediktinerin (1098–1179), erkannte den psychosomatischen Zusammenhang zwischen Kränkungen und Krankheiten. Sie prägte den Satz: »Was kränkt, macht krank.« Welchen Einfluss unsere Emotionen auf das Herz haben, ist inzwischen wissenschaftlich belegt. Manche Menschen leiden immer wieder unter Beschwerden wie Herzrasen, Herzstolpern, Atemnot und Brustschmerzen. Die Angst, daran zu sterben, treibt viele Betroffene von Arzt zu Arzt. Immer wieder erfolgen die gleichen Untersuchungen, aber nie finden sich organische Veränderungen, welche die Symptome erklären könnten. In solchen Fällen ist oft eine Herzneurose schuld an den Beschwerden.

Dass Ärger, Streit und Unstimmigkeiten zu Herzen gehen, ist bekannt. Menschen können sogar an »gebrochenem Herzen« sterben. Negative Gefühle wie Wut, Hoffnungslosigkeit, Feindseligkeit, Hass, Unversöhnlichkeit, Pessimismus oder Resignation tragen zu Herz-Kreislauf-Erkrankungen bei.

Mediziner wissen, dass das Risiko, eine Herzkrankheit zu entwickeln, von Gefühlen der Hoffnungslosigkeit und Resignation beeinflusst wird. Gefährdet sind Personen, die das Gefühl haben, nichts Sinnvolles im Leben erreichen zu können. Auch Pessimisten sind gefährdet.

Menschen mit einer optimistischen Grundeinstellung haben nur ein halb so großes Risiko, einen Herzinfarkt zu erleiden oder einem plötzlichen Herztod zu erliegen wie Menschen mit einer ausgeprägt pessimistischen Einstellung. Es wurde auch festgestellt, dass pessimistische Patienten sich nach einer Bypass-Operation schlechter erholten und eher gefährdet waren, nach einiger Zeit erneut wegen Komplikationen ins Krankenhaus eingeliefert zu werden.[14]

Ängste, Ärger, Feindseligkeiten, ein hohes Maß an Zynismus und Misstrauen anderen Menschen gegenüber sind weitere negative Emotionen, die zur Entstehung oder Verschlimmerung von Herzleiden beitragen können. Und so steckt in dem alten jüdischen Sprichwort, das Herz sei ein halber Prophet, eine ganz unvermutete Portion Wahrheit.

Der Umgang mit negativen Gefühlen

Wenn Sie einerseits wissen, dass wir im Alter besonders gefährdet sind, Opfer negativer Gefühlszustände zu werden (vgl. im Kapitel 1: Die geistigen und psychischen Folgen des Alterns) und wenn Sie andererseits in Harmonie mit sich und ihrer Umwelt gesund und glücklich altern wollen, sollten Sie versuchen, negative Emotionen abzubauen.

Viele ältere Menschen versuchen, unangenehme Erinnerungen und damit verbundene Gefühle zu verdrängen, mit der Folge, dass diese sich in den unpassendsten Momenten wieder ins Bewusstsein zurückmelden.

Ich kannte eine alte Frau, die die traumatischen Erlebnisse ihres Lebens nie verarbeitet hatte und die allgegenwärtig in Erzählungen präsent waren. Es handelte sich um die Kränkungen und Zurückweisungen durch ihre eigene Mutter, die schlechte Behandlung und Ablehnung durch ihre Schwiegerfamilie und um die lebenslange Kränkung ihres Ehemannes, der ein notorischer Fremdgänger war. Am Ende seines Lebens sagte er sogar zu ihr: »Ich weiß nicht, ob Armin mein Sohn ist!« Ich habe mir ihre Geschichten immer wieder angehört, weil ich glaubte, dass das Sprechen darüber auch eine Art Therapie sei. Ich dachte, dass es für die alte Frau hilfreich sein könnte, darauf zu verweisen, dass all die Menschen, die ihr Leid zugefügt hatten, schon lange tot seien und insofern keine Bedeutung mehr für ihr Leben haben dürften. Leider starb die alte Frau, ohne sich mit ihrem Schicksal und ihrer eigenen Vergangenheit ausgesöhnt zu haben. Sie konnte ihre erlittenen Kränkungen einfach nicht überwinden und überschattete und belastete damit ihr Alter.

Um negative Gefühle dauerhaft zu überwinden, muss man sie zunächst erkennen. Erst danach kann man sich die Frage stellen, wie man sie in den Griff bekommen kann. Denn verdrängte negative Emotionen treten meistens in Belastungssituationen wieder ins Bewusstsein. Dann sollte man sich sehr genau fragen, wie man sich fühlt:

»Habe ich Angst? Spüre ich Ärger? Macht mich etwas traurig?«

Diese Gefühle sollte man ernst nehmen, Gefühle sind nicht logisch, Gefühle sind einfach da. Belastende Gefühle sind wichtige Signale dafür, dass in einer Situation etwas nicht stimmt. Manchmal hilft es, darüber zu sprechen und nach Lösungsmöglichkeiten zu suchen. Manchmal kann man eine Situation ändern, manchmal ist es notwendig zu erkennen, dass man Gegebenheiten hinnehmen muss. Wenn man spürt, dass man Belastungen nicht abbauen kann, sollte man kompetente Hilfe in Anspruch nehmen, um zu lernen, damit umzugehen.

Sich den negativen Emotionen zu stellen und sie zu verarbeiten bedeutet Arbeit, die wir lieber vermeiden möchten. Dabei kann das Zulassen und die Verarbeitung negativer Gefühle ein großer Gewinn sein, der uns durch den Kontrast die positiven Aspekte unseres Lebens besser erkennen lässt.

Positive Gefühle haben positive Auswirkungen auf unseren Körper. Deshalb sollten wir alles dafür tun, sie zu fördern, denn der Körper ist gesünder, wenn es uns seelisch gut geht. Körper und Seele sind untrennbar miteinander verbunden. Wann immer wir krank sind, sollten wir uns fragen, wie es um unsere Seele steht, denn unser Immunsystem arbeitet nicht losgelöst von unserem Denken und Fühlen.

Da unsere Gefühle durch unsere Grundeinstellungen, Gedanken und Überzeugungen entstehen, ist es sehr sinnvoll, dass wir uns hilfreiche Grundeinstellungen aneignen, die uns das Leben erleichtern. Es hilft auch, negative Gefühle abzubauen, indem wir uns bewusst machen, dass wir nicht Opfer von Krankheiten und Gebrechen sind, sondern sehr großen Einfluss auf unseren Körper haben. Wer an seine Heilung glaubt, hat den ersten Schritt zur Gesundung getan.

Neid, ein Beispiel für ein destruktives Gefühl

Jeder von uns kennt Neidgefühle, aber was ist eigentlich Neid?

Von Kain, der neidisch auf seinen Bruder Abel war, heißt es: »Sein Blick senkte sich« (Gen 4,5). Immer geht der Blick des neidischen Auges nach unten, weshalb man sich auch einen Neider nicht mit einem strahlenden Gesicht vorstellen kann. Sein Blick senkt sich nicht zuletzt, weil es ihm darauf ankommt, den anderen genau dorthin zurückzuholen, wo er selbst steht. Daher befriedigt das Auge des Neiders nichts so sehr wie die Erniedrigung und Demütigung des anderen. Neid ist immer Ausdruck von Eifersucht und Minderwertigkeitsgefühlen.

Ein Fischer fand hierfür ein anschauliches Gleichnis:

»Für Krebskörbe braucht man keinen Deckel. Immer wenn sich eines der Tiere anschickt, die Innenwand des Korbes zu erklimmen, holen die anderen es sofort wieder herunter. Manche Menschen machen es ähnlich.«

Was den Neid reizt, ist also die Ungleichheit unter den Menschen. Der Neider will die Gleichheit aller, damit der Anlass für den Neid verschwindet.

Das Neidgefühl scheint unter Männern weniger verbreitet zu sein als unter Frauen. Männer vergleichen sich mit anderen Männern und stellen fest, was die anderen erreicht haben. Für sie zählen vor allem der materielle Erfolg, die erreichte Position in einem Unternehmen oder in der Politik, der Bekanntheitsgrad in der Öffentlichkeit usw. Mit dem 60sten Lebensjahr ist dieses

Spiel in der Regel zu Ende, und nur wenige starten dann noch einmal durch. Es kann also Bilanz gezogen werden. Aber Neidgefühle sind unter Männern eher die Ausnahme. Sie nehmen es sportlich: Sie können es in der Regel leichter anerkennen, wenn ein anderer besser gewesen ist.

Bei Frauen sieht es anders aus. Das liegt an der Andersartigkeit ihrer Lebensleistung, und daran, dass sie sich nicht über diese definieren und mit anderen Frauen vergleichen können. Für Frauen ist mit 60plus das Spiel nicht beendet, es wird eher härter. Die Objekte ihrer Neidgefühle sind vielgestaltiger als bei Männern. Es geht um das Aussehen, die Falten und die grauen Haare, die Attraktivität, die Enkelkinder, die beruflichen Erfolge des Schwiegersohnes oder des eigenen Mannes, die Ausbildung, und nicht zuletzt um den Dauerstreit »Hausfrau und gute Mutter gegen berufstätige Karrierefrau« usw.

Frauen haben manchmal die Fähigkeit, ihren Neid in kleinen giftigen Bemerkungen herauszulassen:

- »Musst du in deinem Alter denn noch arbeiten gehen? Mein Mann würde das nicht dulden.«
- »Die Farbe des Blazers ist für dein Alter aber sehr mutig.«
- »Heute siehst du nicht so aufgedunsen aus wie sonst schon mal.«
- »Kannst du denn überhaupt Seminare geben? Hast Du denn Psychologie studiert?«
- »Dein SKL-Mercedes ist der typische Wagen für Frauen von 60plus.«

Neid ist ein destruktives Gefühl. Neid kann deshalb bereits die Hölle auf Erden bereiten, und das vor allem im Herzen des Neiders selbst. Neid bringt Leid, er verbittert das Leben. Der Neidische schadet niemandem mehr als sich selbst. Der neidische Mensch zerstört seine seelische Substanz, weil er seine Aggression vor allem auf sich selbst richtet. Das ist auch der Grund, weshalb ein neidischer Mensch sich selbst nicht lieben kann.

Neidgefühle gibt es zwar in jedem Lebensalter, aber in den Jahren 60plus können sie in ihrer destruktiven Wirkung an Gewicht gewinnen, weil man im Alter »dünnhäutiger« und verletzlicher wird (siehe auch im Kapitel 1: Die geistigen und psychischen Folgen des Alterns).

Der Umgang mit Neidern und die Überwindung von Neidgefühlen

Wie sollten wir uns neidischen Menschen gegenüber verhalten? Wir dürfen ihre Neidgefühle nicht dadurch provozieren, dass wir einen persönlichen Erfolg in ihrer Gegenwart zur Sprache bringen, um ihnen unsere Größe und Überlegenheit vor Augen zu führen. Ein Sprichwort besagt: »Wer will sein ohne Neid, erzähle niemand seine Freud.«

Die Klugheit gebietet, darauf zu achten, wo und wie man von seiner Freude erzählt. Recht hat der römische Philosoph Seneca, wenn er rät: »Dem Neid wirst du entgehen, wenn du verstehst, dich im Stillen zu freuen.«

Neidische Menschen können anderen keine Komplimente machen. Stattdessen müssen sie alles herabwürdigen, was für andere vorteilhaft ist. Wenn Ihnen so etwas passiert, sollten Sie derartige Äußerungen selbstbewusst annehmen und Ihren Neidern ein gönnerhaftes Mitleid schenken, denn Neid ist eine besondere Form der Anerkennung.

Und wie können wir eigenen Neid überwinden? Hier dürfen wir zunächst nicht übersehen, dass jeder Vorteil auch ein Nachteil sein kann. Für diesen sind wir in der Regel blind: »Neid sieht nur das Blumenbeet, aber nicht den Spaten.« Darüber hinaus sollten wir einmal darüber nachdenken, ob nicht bei jedem Menschen die Summe aller Vor- und Nachteile am Ende immer gleich ist. Dann sollte es möglich sein, sich am Vorteil des anderen aufrichtig zu erfreuen. Bei Georges Bernanos kann man lesen:

»Seine Freude in der Freude des anderen finden können: Das ist das Geheimnis des Glücks.«

Glücklich sind Menschen, die ihren Neid überwinden, denn er ist ein destruktives Gefühl. Es kann nur durch eine großzügige Haltung überwunden werden. Großzügig aber sind Menschen, die trotz eigener Mühen und Misserfolge anderen ihre errungenen Siege gönnen können.

Sollten Sie selbst einmal neidisch sein, dann betrachten Sie die Person, an deren Stelle Sie gern wären, als Vorbild. Versuchen Sie herauszufinden, wie diese Person ihr Glück errungen hat. Gratulieren Sie ihr zu ihrem Erfolg und lassen Sie sich erzählen, wie sie es geschafft hat.

Um im Alter jung und fröhlich zu bleiben, sollten Sie Neidgedanken bewusst vermeiden, denn sie tun Ihnen wirklich nicht gut. Die beste Therapie gegen giftige Gefühle bleibt das Erkunden der eigenen Wünsche und das Bemühen, sie zu verwirklichen. Überprüfen Sie, ob es Sie glücklicher machen würde, das zu erreichen, was Sie anderen neiden. Wem es gelingt, Wunsch und Wirklichkeit in eine Balance zu bringen, lebt zufriedener. Akzeptieren Sie Ihr Selbstbild! Lernen Sie anzuerkennen, dass Sie nicht in allen Bereichen super sein können. »Nobody is perfect«, aber jeder besitzt eigene Fähigkeiten. Machen Sie sich Ihre eigenen Stärken und Erfolge bewusst. Befreien Sie sich vom Gruppendruck! Wer neidvoll auf das fixiert ist, was andere mehr haben, macht sich zum Opfer gesellschaftlichen Drucks. Wer Lebensglück mit Konsum gleichsetzt, wird nie Zufriedenheit erlangen. Die kommt immer aus einem selbst!

Neid ist ein Indikator für unseren Selbstwert, unseren Ehrgeiz und unser Gerechtigkeitsempfinden. Er regt uns an zu prüfen, ob unsere Ziele, die wir im Leben verfolgen, angemessen sind oder ob wir nicht einen anderen Lebensentwurf ausprobieren sollten, der uns vielleicht glücklicher oder zufriedener macht.

Biografiearbeit

Wenn Sie sich mit Ihren belastenden Erinnerungen und Gefühlen befassen, werden Sie immer wieder mit der eigenen Vergangenheit konfrontiert. Ausgeweitet führt diese Methode zu einer Art Lebensrückschau.

Tatsächlich spielt mit zunehmendem Alter bei vielen Menschen die Lebensrückschau und Lebensbilanz eine wichtige Rolle. Sie setzen sich mit ihrem Leben auseinander. Sie ziehen Bilanz, indem sie sich fragen:

»Wie verlief mein Leben? Was habe ich erreicht? Womit bin ich zufrieden? Wo liegen Defizite? Was soll in Zukunft weitergeführt, vertieft werden?«

Eine Hilfe bei diesem Prozess der Selbsterkenntnis und Selbstakzeptanz ist die sogenannte Biografiearbeit. Hierbei werden die alten Menschen von professionellen Kräften aus dem Bereich der Altenarbeit – Seelsorger, Psychologen, Geriater – unterstützt, die seelischen Verletzungen ihres Lebens zu verarbeiten, um Erneuerung und Aufbruch zu ermöglichen. Biografiearbeit wird auch deshalb angeboten, weil viele Menschen mit zunehmendem Alter den Wunsch verspüren, dem vergangenen Leben einen Sinn zu geben.

Im Allgemeinen verleiht die Auseinandersetzung mit der eigenen Vergangenheit Sicherheit, stärkt das Selbstvertrauen und hilft dabei, sich mit den schwierigen Situationen des Älterwerdens auseinanderzusetzen und diese besser zu bewältigen. Es kann eine rückwirkende Aussöhnung mit der Vergangenheit erfolgen: Die Diskrepanz, die sich aus den Hoffnungen und Träumen der Jugend und dem tatsächlichen Verlauf des Lebens ergibt, kann endlich akzeptiert werden.

Je älter wir werden, desto häufiger müssen wir uns Realitäten stellen und von Illusionen verabschieden und immer öfter stellen wir uns dann die Frage, ob das, was wir wollen, auch das ist, was wir brauchen. Wir beginnen, uns und unsere Bedürfnisse wahrzunehmen und zu verstehen. Mit diesen Fragen habe ich mich ausführlich auseinandergesetzt in meinem Buch: »Wodurch wir wurden, was wir sind – Familienprägungen erkennen und verstehen«.[15]

Die Aussage einer Seminarteilnehmerin macht deutlich, wie wertvoll Biografiearbeit ist:

Erika, 63 Jahre:
»Ich habe mich auf Biografiearbeit eingelassen und empfand sie als spannendes Abenteuer, mich selbst zu erforschen. Allerhand ist passiert in meinem Leben. Ich habe geschuftet, mich angestrengt, geplant und entschieden. Ich habe geliebt und gehasst, war glücklich und traurig, habe geflucht, gewünscht und gehofft, gegeben und genommen, gekämpft und gewonnen, gekämpft und verloren. Aber war ich jemals am Ziel? Ich habe Entwicklungen zu einem denkenden Menschen gemacht, der ich heute bin. Unterschiedliche Einflüsse, Denkmuster und Verhaltensweisen haben seitdem mein Leben geprägt, und mein Denken wurde mehr und mehr zum Regisseur meiner Gefühle. Unzählige Gefühlszustände habe ich mittlerweile durchlebt, Gefühle von Freude und Erfüllung, aber auch von Traurigkeit und Leid. Alles, was ich erlebt habe, prägt auch mein Gesicht. Mein innerer Zustand prägte auch meinen äußeren Ausdruck.

Im Lauf meines Lebens machten sich immer mehr Bedürfnisse bemerkbar, die befriedigt werden wollten. Indem es mir nicht gelang, meine Bedürfnisse zu befriedigen, verdrängte und unterdrückte ich sie. Das führte zu belastenden Gefühlen und Gedanken. Darüber hinaus war ich noch vielen anderen negativen Einflüssen und Belastungen ausgesetzt, die ebenfalls auf meinen emotionalen Zustand wirkten. Je stärker dabei belastende Gefühle wirkten, desto intensiver versuchte ich mit allen Mitteln, meine Seele vor Verletzung zu schützen. Auch ich gehörte zu den Menschen, die die angst- und schmerzgeprägte Realität verdrängte, anstatt die belastenden Gefühle als zu mir gehörend anzunehmen, zu durchleben und zu verarbeiten. Meine Strategie bestand in Fluchtverhalten und Verdrängung, was mir aber keine Befreiung brachte. Erst die Auseinandersetzung mit mir selbst durch Biografiearbeit machte es mir möglich, mich selbst kennen- und verstehenzulernen und das ist für mich wie eine Selbst-

heilung durch Versöhnung mit den nicht zugelassenen Anteilen meiner Persönlichkeit.«

Ein bisschen mehr Friede und weniger Streit
Ein bisschen mehr Güte und weniger Neid
Ein bisschen mehr Liebe und weniger Hass
Ein bisschen mehr Wahrheit – das wäre was

Statt so viel Unrast ein bisschen mehr Ruh
Statt immer nur Ich, ein bisschen mehr Du
Statt Angst und Hemmung ein bisschen mehr Mut
Und Kraft zum Handeln – das wäre gut

In Trübsal und Dunkel ein bisschen mehr Licht
Kein quälend Verlangen, ein bisschen Verzicht
Und viel mehr Blumen, solange es geht
Nicht erst an Gräbern – da blüh'n sie zu spät

Ziel sei der Friede des Herzens
Besseres weiß ich nicht
»Mein Lied« von Peter Rosegger

So überwinden Sie Ihre negativen Emotionen

- **Neid**: Schielen Sie nicht missgünstig auf andere, denn dadurch blockieren Sie Ihre eigenen Energien und Fähigkeiten, heiter und gelassen zu sein!
- **Selbstzweifel**: Zerstören Sie Ihr eigenes Selbstwertgefühl nicht durch unnötiges Nörgeln an sich selbst. Wer sich selbst nicht mag, darf wohl kaum erwarten, dass andere ihn mögen!
- **Angst**: Wer immer und vor allem Angst hat, nie etwas Neues ausprobieren will oder eine Herausforderung annimmt, verschenkt viele Chancen, heiter, unbekümmert und gelassen zu sein.
- **Erwartungshaltung**: Sie halten den Spatz in der Hand, sind aber eigentlich der Meinung, die Taube auf dem Dach verdient

zu haben. Unrealistische Wunschvorstellungen und unerreichbare Ideale blockieren heitere Gelassenheit! Menschen mit heiterer Wesensart sind Lebenskünstler, weil sie die kleinen Glücksmomente des Lebens im Alltag genießen.

Und so erhalten Sie die geistige Fitness im Alter

Ein Fragenkatalog zur Selbstprüfung:

- Sind Sie neugierig darauf, was Ihnen der morgige Tag bringen wird?
- Sind Sie aufgeschlossen für Veränderungen und für neue Entwicklungen?
- Sind Sie begeisterungsfähig für Neues?
- Erkunden Sie gern unbekannte Gegenden und fremde Länder?
- Gehen Sie öfter an Urlaubsorte, die Sie noch nicht kennen?
- Macht es Ihnen Freude, neue Menschen kennenzulernen?
- Sind Sie gern mit Menschen zusammen, die jünger sind als Sie?
- Mögen Sie junge Menschen und interessieren sich für deren Einstellungen?
- Nehmen Sie an allem teil, was um Sie herum vorgeht?
- Wie steht es mit Ihrem Gedächtnis? Können Sie sich Namen und Daten noch so gut merken wie früher?
- Haben Sie kürzlich Ihr Interesse für ein neues Hobby entdeckt?
- Können Sie sich auf neue und unverhoffte Situationen schnell einstellen?
- Leisten Sie sich gelegentlich eine Verrücktheit wie in Ihrer Kindheit?
- Lachen Sie gern und sind Sie gern in fröhlicher Runde?
- Gefällt es Ihnen, Spaß zu haben und zu machen und anderen einen Streich zu spielen?
- Nehmen Sie bewusst Positives wahr?

Vergessen Sie nicht:

- Denken hält jung: Geistige Arbeit aktiviert Gene, die Nervenzellen länger leben lassen. Ein regelmäßig aktives Gehirn scheint seinen Verfall im Alter aufhalten zu können.
- Neue Eindrücke fordern den Geist. Wenn Sie die Möglichkeit dazu haben, reisen Sie, gehen Sie in Konzerte, ins Theater oder zu Informationsveranstaltungen.
- Meditation und spirituelle Beschäftigung tragen auch zum täglichen Wohlbefinden bei. Nehmen Sie sich Zeit dafür.
- Frischen Sie alte Erinnerung auf. Alte Fotos, Briefe sind hierbei eine wunderbare Unterstützung.
- Überprüfen und wiederholen Sie Wissen, das Sie im Laufe Ihres Lebens erworben haben. Das wiederholte Abrufen von Erlerntem vertieft die Gedächtnisspur.

Die körperliche Fitness im Alter

Bewegungstraining

Eine der wichtigsten Voraussetzungen für Lebensgenuss – nicht nur in der Altersgruppe 60plus – ist die Gesundheit. Sie hängt auch von der körperlichen Fitness ab und diese kann durch Sport und gesunde Ernährung bekanntlich gut beeinflusst werden.

Das Schlüsselwort heißt regelmäßige Bewegung. Schon eine halbe Stunde Bewegung pro Tag verbessert das Herz-Kreislauf-System. Ältere Menschen können ihr Risiko für Herz-Kreislauf-Erkrankungen und Diabetes schon durch eine moderate sportliche Betätigung deutlich senken.

Regelmäßige Bewegung schützt vor zahlreichen Beschwerden – von Bluthochdruck bis Zuckerkrankheit. Dabei muss es sich keineswegs um Leistungssport handeln. Schon der tägliche Spaziergang mit dem Hund oder etwas Gartenarbeit ist hilfreich. Gesundheitsexperten empfehlen, täglich mindestens eine halbe Stunde etwas für die Fitness zu tun. Einfache Bewegung wie z.B. Treppensteigen, fördert die Fettverbrennung und liefert Glukose, einen wichtigen Brennstoff für das Gehirn. Möglich ist alles an Bewegung, was Spaß macht und individuell machbar ist: von Seniorengymnastik bis hin zum einfachen Spazierengehen.

Heute können Menschen biologisch 10 bis 20 Jahre jünger sein, als sie dem Kalender nach sind. Doch dafür müssen sie etwas tun, denn ... »wer rastet, der rostet!« Die Vorteile körperlicher Aktivitäten liegen auf der Hand: Wer sich nicht bewegt, sondern nur sitzt, der setzt seine Unabhängigkeit aufs Spiel und leistet dem körperlichen Verfall Vorschub. Durch regelmäßigen Sport können Muskulatur und Knochen gekräftigt, Ausdauer und Kraft erhöht, Körperhaltung, Körperbeherrschung und Koordination verbessert, das Selbstwertgefühl gesteigert und dadurch die Fähigkeiten, im täglichen Leben allein zurechtzukommen, wesentlich länger aufrechterhalten werden. Selbst 80-Jährige können ihre Leistungsfähigkeit durch tägliches Training steigern.

Egal, wie alt Sie sind, suchen Sie sich eine Sport- bzw. Bewegungsart, die Ihnen viel Spaß und Freude macht; die Sie am besten gemeinsam mit anderen ausüben. Was haben Sie früher gern gemacht? Vielleicht Radfahren oder ausgedehnte Spaziergänge und Wanderungen?

Sprechen Sie mit Ihrem Arzt, bevor Sie ein neues Training aufnehmen. Beginnen Sie langsam und regelmäßig, dann können Sie sich laufend steigern. Jeden Tag 15 Minuten sind besser als einmal in der Woche eine Stunde. In der Gruppe – unter fachlicher Anleitung eines Lehrers – macht es am meisten Spaß.

Wenn Sie etwas im Freien machen, hat das noch dazu den Vorteil, dass Sie an der frischen Luft sind und viel Sonne tanken können. So helfen Sie Ihrem Körper am besten bei der Herstellung von Vitamin D. Das braucht er für die Kalziumaufnahme und damit für stabile Knochen. Erkundigen Sie sich, welche Angebote es gibt: Ob Seniorenturnen oder -tanzen, Wandern, Joggen oder Radeln – gemeinsam geht's besser und macht außerdem mehr Spaß.

Durch regelmäßiges Bewegungstraining

- fühlen Sie sich wohler (gesünder, positiver, selbstbewusster)
- werden Ihre Konzentration, Ihr Appetit und Ihr Schlaf besser
- vermeiden oder vermindern Sie Übergewicht
- bleiben Sie länger leistungsfähig und können auch Arbeiten leichter erledigen
- werden Ihr Gleichgewichtssinn und Ihre Koordination verbessert – das verringert auch die Unfallgefahr
- sehen Sie jünger und vitaler aus

Es ist auffallend, wie viele Senioren von heute etwas für ihre Fitness tun. Die Mitgliedszahlen der Älteren im Vereinssport steigen stetig. Das bestätigt auch der Deutsche Sportbund, und auch in »Mucki-Buden« sind Senioren immer häufiger auf Laufbändern und beim Training an diversen Geräten zu sehen. Inzwischen sind laut Statistik über drei Millionen Frauen und Männer im Alter von über 60 Jahren in einem Verein aktiv.[16]

Eine Sportart, die auch bis ins hohe Alter gepflegt werden kann, ist das Schwimmen. Dabei wird der ganze Körper bewegt und das Herz-Kreislaufsystem gestärkt. Außerdem werden Skelett und Gelenke geschont.

Für das Training von Ausdauer und Kondition ist Folgendes zu beachten:

- Wählen Sie Ausdauersportarten, die für die Gelenke wenig belastend und für die Muskulatur wenig ermüdend sind wie Gehen, Schwimmen und Wassertreten.
- Trainieren Sie drei- bis fünfmal in der Woche bei niedriger bis mäßiger Intensität.
- Fangen Sie langsam an. Verstehen Sie die ersten fünf Minuten als Aufwärmphase, mit der sie den Körper an die Belastung gewöhnen.
- Wählen Sie eine Geschwindigkeit, die es Ihnen erlaubt, sich noch bequem zu unterhalten und bei der Sie nicht übermäßig ins Schwitzen kommen.
- Das Tempo und die Intensität des Trainings sollten jeweils über die letzten fünf Minuten reduziert werden. Dadurch verringert sich die Durchblutung der Muskulatur, der Körper kann zur Ruhe kommen.
- Für ältere Menschen, die bislang gar nicht sportlich aktiv waren, ist es ratsam, mit einem leichten Ausdauertraining zu beginnen. Die Intensität wird dann mit der Zeit vorsichtig gesteigert.
- Achten Sie bei Bewegungsübungen darauf, keine plötzlichen Lage- und Bewegungsänderungen oder Übungen durchzuführen, die das Risiko eines Sturzes mit sich bringen.
- Joggen geht mit starker Belastung von Knien und Hüften einher und ist deshalb für ältere Menschen nicht besonders zu empfehlen.

- Im Alter besteht ein erhöhtes Risiko von Störungen des Wasserhaushaltes. Achten Sie deshalb besonders darauf, ausreichend zu trinken und zwar vor, während und nach dem Sport.
- Weil ältere Menschen auch Temperaturschwankungen schlechter tolerieren, empfiehlt es sich, dass sie mehrere Kleidungsstücke übereinander tragen. Je nach Temperatur können die Kleidungsstücke dann an- oder ausgezogen werden.

Gesunde Ernährung

Lang leben und gesund bleiben, das wünschen sich die meisten von uns. Gesund, leistungsfähig und voll Lebensfreude zu sein, ist stark abhängig von einer gesunden Lebensführung. Zu ihr gehört wesentlich eine gesunde Ernährung. Die Ernährung ist eine Grundlage für das körperliche Wohlbefinden und die Lebensqualität.

In den letzten Jahren wird dem Zusammenhang von Ernährung und Gesundheit, vor allem bezüglich der Entwicklung chronischer Erkrankungen des Alters vermehrte Aufmerksamkeit geschenkt. Die über 60-Jährigen sind die am schnellsten wachsende Bevölkerungsgruppe. Entsprechend ist es von großem medizinischem und volkswirtschaftlichem Interesse, wie sich im Verlaufe des Alterungsprozesses der Nährstoffbedarf ändert und inwiefern durch die Ernährungsfaktoren die Entwicklung der chronischen Erkrankungen im Alter (zum Beispiel Osteoporose oder aber auch Herz-Kreislauf-Erkrankungen) beeinflusst werden können.

Menschen jenseits der 60 gehören, was die Nahrungsaufnahme betrifft, wie Kinder zu einer gefährdeten Bevölkerungsgruppe. Früher waren Ältere in ihre Familien eingebunden – auch was das gemeinsame Essen betraf. Jetzt müssen sie selbst für ihre Ernährung sorgen. Das kann gerade bei Alleinlebenden dazu führen, dass sie nicht mehr regelmäßig essen, sich selbst kein warmes Essen mehr zubereiten, weil sie der Meinung sind, dass sich das für sie allein nicht lohne. Auch diejenigen, die im höheren Alter »Essen auf Rädern« bekommen oder in einem Seniorenwohnheim leben, bekommen oft vorgefertigte Industrienahrung, die zwar durchaus schmackhaft sein kann, aber dennoch oft eine sehr einseitige Ernährung ist. Fehlernährung und Vitaminmangel sind häufig die Folge. Bei manchen – eher den jüngeren Senioren – führt das zu Übergewicht, die anderen – besonders die über 75-Jährigen – nehmen stark ab.

Bei Älteren lassen Appetit, Hunger und Durst oft nach. Grund dafür ist der sinkende Grundumsatz und damit auch der geringere Energiebedarf. Sehr viele magern ab, weil sie mit weniger Appetit auch weniger essen und weniger trinken – insbesondere, wenn sie allein leben. Ein zu großer Gewichtsabbau kann aber Probleme bereiten, denn es wird nicht nur Fett, sondern auch Muskelmasse abgebaut – und dazu gehört auch der Herzmuskel. Bei manchen älteren Menschen kann man die Folgen der Mangelernährung sogar äußerlich sehen: Sie haben eine graue, trockene, sehr faltige Haut und ihr Körper wirkt schlaff.

Eine ausgewogene und den veränderten Lebensumständen angepasste Ernährung spielt eine entscheidende Rolle für ein gesundes Leben bis ins hohe Alter. Weil Senioren mit weniger Energiezufuhr auskommen, ist die Qualität der Nahrung von entscheidender Bedeutung. Gemüse, Salate, Obst, Pflanzenöle, Nüsse und so weiter helfen, den Körper »am Laufen« zu halten, ihn zu entgiften und arbeiten so vorzeitigem Altern entgegen. Gesunde Ernährung beeinflusst das Wohlbefinden, schützt vor altersbedingten Erkrankungen, stärkt das Immunsystem und versorgt den Körper mit Spurenelementen. Der Flüssigkeitsbedarf sinkt im Alter nicht. Da bei älteren Menschen aber oftmals das Durstgefühl nachlässt, ist bei ihnen besonders darauf zu achten, dass sie ausreichend Flüssigkeiten zu sich nehmen.

Weitere Faktoren, auf die bei der Ernährung älterer Menschen geachtet werden sollte:

- **Eingeschränkte Zuckertoleranz im Alter**: Um einer Altersdiabetes entgegenzuwirken, sollte die Zuckerzufuhr eingeschränkt werden.
- **Ausreichend Ballaststoffe**: Um bei älteren Menschen öfter vorkommenden Verstopfungen entgegenzuwirken, sollte die Kost ausreichend Ballaststoffe enthalten. Es sollten jedoch auch nicht zu viele sein, um die Verdauung nicht übermäßig zu belasten.
- **Nachlassender Geschmacks- und Geruchssinn**: Um die Speisen trotzdem schmackhaft zu machen, sollten diese mit Kräutern und Gewürzen, keinesfalls aber durch mehr Kochsalz, gewürzt werden.
- **Erhöhte Speisenunverträglichkeit**: Unverträgliche und generell schwer verdauliche und den Organismus belastende Lebensmittel sollten im Alter nicht mehr gegessen werden (z. B. Hülsenfrüchte).
- **Kleinere aber häufigere Mahlzeiten**: Fünf bis sechs kleinere über den Tag verteilte ausgewogene Mahlzeiten belasten den Organismus weniger als die üblichen drei Mahlzeiten täglich.

Man muss nicht Vegetarier oder »Körnerfresser« sein, um gesund zu leben. Alles, was in Richtung Fanatismus geht, ist zwanghaft und nimmt Menschen die Chance des Genusses und damit auch Lebensfreude. Viele glauben, mit Entsagungen aller Art ihre Lebenszeit verlängern zu können. Aber geht es nur um Lebenszeit oder auch um Lebensqualität?

Sicherlich ist es gut, sich überwiegend gesund zu ernähren. Aber man muss auch Ausnahmen machen und sich erlauben, auch ohne »schlechtes Gewissen« zu »sündigen«. Gerade wenn man älter wird und mit der einen oder anderen Einschränkung fertig werden muss, nimmt die Bedeutung genussvollen Essens zu, denn … »Gutes Essen ist die Erotik des Alters!«

Körperliche, psychosoziale und ökonomische Veränderungen im Alter beeinflussen auch das Essverhalten und dabei speziell das Genuss-Erleben. »Wer nicht genießt, wird ungenießbar.«

Und in diesen Zusammenhang gehört auch die alte Weisheit: »Das Auge isst mit«. Ein schön gedeckter Tisch in gediegenem Ambiente und mit appetitlich angerichteter Mahlzeit lädt zum Genießen ein.

Während ein Säugling noch ganz auf innere Reize konzentriert ist und deutlich Hungersignale verspürt, treten im Verlauf des Lebens die äußeren Reize immer stärker in den Vordergrund. Man genießt nicht nur die Mahlzeit, sondern auch das Ambiente, die Geselligkeit oder die Stimmung.

Unser Körper ist auf Genuss ausgerichtet, jeder Bissen und jede Bewegung der Zunge lösen ein Feuerwerk von elektrischen Signalen im Gehirn aus. Genuss hat in unserem Leben eine wichtige biologische Funktion. Für die Aufnahme von Nahrung belohnt uns das Gehirn mit einer Ausschüttung von Endorphinen (Glückshormonen), die für Wohlbefinden sorgen. Genuss ist also kein Luxus, sondern notwendig für eine ausreichende Nahrungszufuhr. Selbst Martin Luther meinte: »Wer nicht liebt Wein, Weib und Gesang, der bleibt ein Narr sein Leben lang.«

So erhalten Sie sich »Fitness für mehr Lebensqualität«

Typische Alterserscheinungen und -beschwerden sind heutzutage kein unabwendbares Schicksal mehr. Denn ausgewogene Ernährung, ausreichend Bewegung und mentales Training können entscheidend mithelfen, Leistungsfähigkeit und Lebensqualität möglichst lange zu erhalten.

- Achten Sie auf gesunde, ausgewogene Ernährung.
- Trinken Sie viel – das ist der reinste Jungbrunnen.
- Denken Sie daran: Wir altern langsamer dank Bewegung.
- Wir bleiben fit mit mentalem Training.

4. Aktivität und Vitalität im Alter

Träume und Visionen verwirklichen

In meinem letzten Urlaub las ich ein faszinierendes Büchlein, das Visionen als Weg zum Glück ausweist. Es handelte sich um das Buch »Der träumende Delphin« von Sergio Bambaren.[17]

Diese wunderbare Erzählung ist wie eine Reise zu sich selbst und sie vermittelt, trotz des geringen Umfangs, wertvolle Einsichten und Erkenntnisse. Ich werde Ihnen erzählen, was mich so angerührt hat:

Der junge Delphin Daniel Alexander ist ein Träumer und hat damit nicht gerade die besten Voraussetzungen, um in seinem Schwarm eines Tages erfolgreich zu sein. Träumen widerspricht den Regeln des Schwarms und führt nicht unbedingt dazu, sich Ansehen zu verschaffen. Delphin Daniel Alexander aber ist davon überzeugt, dass es noch mehr gibt als Fischen und Schlafen. Er verbringt seine Tage damit, auf den Wellen zu reiten und dabei nach seiner eigenen Bestimmung zu suchen. Eines Tages spricht die Stimme des Meeres zu ihm und verkündet, Delphin Daniel werde den Sinn des Lebens finden und zwar an dem Tag, an dem ihm die perfekte Welle begegne. So beschließt der junge Delphin, das sichere Riff seiner Artgenossen zu verlassen. Auf seiner langen Reise begegnet er nicht nur vielen anderen Fischen und einigen menschlichen Wellenreitern, sondern schließlich auch der perfekten Welle.

Der Autor Sergio Bambaren erzählt eine wunderbare Geschichte über unseren Mut, unsere Ängste und unsere persönlichen Grenzen – ein Plädoyer für die selbstbestimmte Suche nach dem Sinn des Lebens und der Realisierung der eigenen Träume.

Sein Fazit heißt:

»Manche Dinge kann man nur mit dem Herzen sehen. Was du tust, ist wichtig, wichtiger aber ist, wovon du träumst und – dass du an deine Träume glaubst.«

Seine Botschaft an uns lautet, von den träumenden Delphinen

zu lernen. Was aber sollen wir von ihnen lernen? Welche Erfahrungen sammelt der Delphin, wenn er seinen Visionen folgt? Wie ergeht es dem Träumer Daniel Delphin und was sagt uns das?

Daniel Delphin hat eine wunderbare Erfahrung gemacht. Er hat herausgefunden, worin der tatsächliche Sinn seines Lebens besteht: zu einer glücklichen und erfüllten Existenz zu finden, indem er seinem Traum folgt. Er hat die Grenze überschritten, jenseits derer Träume Wirklichkeit werden, eine Grenze, die nur derjenige sehen kann, der auf die Stimme seines Herzens hört. Und im Lichte dieser neuen Erkenntnis erscheint Daniel Delphin sein Leben jetzt genau so, wie es sein soll. Es begeistert ihn. Er hat entdeckt, was er entdecken wollte. Seine Suche ist beendet. Es ist Zeit, die Wahrheit, die er herausgefunden hat, an seinen Schwarm weiterzugeben. Er hat für sich den Sinn des Lebens gefunden, indem er seinen eigenen Regeln folgte, obwohl sein Schwarm ihm tausendmal gesagt hatte, dass sie nicht funktionieren würden. Jetzt weiß er endlich, dass alles, was er erreicht hat, all seine Hoffnungen und all seine Träume, einen Teil seiner Persönlichkeit ausmachen. Und Daniel ist froh und glücklich darüber… »In der Welt des Traums ist alles möglich!«

Haben Sie sich an irgendeiner Stelle wiedererkannt? Ertappen Sie sich gelegentlich auch dabei, Ihre Träume zu ignorieren, sich äußeren Zwängen und Unabdingbarkeiten unterzuordnen? Welche Ihrer Träume sind verschüttet, welche haben Sie ganz aufgegeben? Haben Sie den Mut, wieder einmal Sie selbst zu sein. Horchen Sie in sich hinein, vertrauen Sie Ihrer inneren Stimme und verwirklichen Sie das, was Ihnen wichtig ist. Lernen Sie vom träumenden Delphin …

»Es ist nie zu spät, etwas zu verändern und Träume zu leben und zu verwirklichen und – es kommt eine Zeit im Leben, da bleibt einem nichts anderes übrig, als seinen eigenen Weg zu gehen!«

Ich begegne in meinen Seminaren immer wieder Frauen um die 60, die mit dem Leben, das sie führen, nicht so richtig zufrieden sind. Viele von ihnen haben unerfüllte Lebensträume und fragen sich gerade in diesem Alter:

»Warum waren mir immer die anderen wichtig? Was ist mit meinem Leben und meinen Träumen? Habe ich das Recht dazu, nach dem Pflichtprogramm des Lebens, das von Zwängen und Fremdeinflüssen gesteuert war, mir nun das Kürprogramm zu nehmen und mir eigene Wünsche zu erfüllen?«

Wessen Lebenstraum ist es nicht schon einmal gewesen, aus dem Trott des bisherigen Lebens auszusteigen und etwas ganz Neues anzufangen? Viele Menschen sabotieren ihr Glück, indem sie ihre Lebensträume ignorieren. Sie schieben Wünsche, Träume und Bedürfnisse auf einen fernen Tag in der Zukunft. Sie verwehren sich die Erfüllung ihrer Wünsche und Träume und sind davon überzeugt, Wichtigeres zu tun zu haben. Sie heben große Wünsche und Herausforderungen auf, bis sie in Rente sind: den Segelschein zu machen, eine Nordlandkreuzfahrt zu buchen, einen Tanzkurs mit dem Partner zu belegen, Gleitschirm fliegen zu lernen. Das hat alles, meinen sie, noch Zeit bis zum nächsten Jahr.

Wenn wir unsere Herzenswünsche auf später verschieben, vertun wir Chancen auf Lebensfreude und riskieren, dass möglicherweise keiner unserer Träume Wirklichkeit wird, sondern alle wie Seifenblasen zerplatzen. Und so gibt es immer wieder Gründe, warum gerade jetzt nicht der richtige Zeitpunkt ist, oder es kommt wieder etwas Wichtigeres dazwischen – im schlimmsten Fall eine schwere Krankheit.

Und so stehen viele Menschen am Ende ihres Lebens da und sagen: »Hätte ich doch nur …, als ich noch die Zeit, die Gesundheit, das Geld, … dafür hatte!« Wer seine Chancen nicht sieht und nutzt, wird sich am Ende bedauern und sich beklagen, dass die Welt so ungerecht ist. Und nichts ist bitterer als unzeitgemäße Erkenntnisse!

Das Leben ist zum Leben da und dazu, neben den vielen Pflichten auch Lebensfreude zu empfinden, indem man sich immer wieder den einen oder anderen Traum oder Wunsch erfüllt. Wer sein Leben auf einen fernen Tag aufschiebt, dem passiert vielleicht das Gleiche wie den Kandidaten im Millionenspiel bei Günther Jauch, die mit 0 € oder nur 500 €, aber mit drei nun wertlos gewordenen Jokern, die sie für spätere Fragen sparen wollten, nach Hause gehen müssen. Es kann passieren, dass man stirbt, ohne je seine Träume verwirklicht zu haben.

In diesem Zusammenhang möchte ich auf prominente Menschen hinweisen, die uns Vorbilder sein könnten. Denken Sie beispielsweise an Sir Peter Ustinov, der sich bis zuletzt humorvoll und voller Selbstironie in Interviews präsentierte und noch bis wenige Monate vor seinem Tod in dem Kinofilm »Luther« vor der Kamera stand. Denken Sie an Heinz Rühmann, der bis ins Greisenalter seinem Publikum erhalten blieb und zuletzt Nachtgeschichten im Fernsehen präsentierte. Inge Meysel stand mit 94 Jahren für einen Krimi vor der Kamera. Gräfin Dönhoff, Publizistin, war bis zuletzt redaktionell tätig. Auch Konrad Adenauer hat gezeigt, dass Alter nicht zum Nichtstun verurteilt. Mit 75 wurde er der erste Bundeskanzler der jungen Bundesrepublik Deutschland.

Wenn wir uns diese Menschen, die ein positives Bild vom Alter vermitteln, vor Augen führen, dann drängt sich die Frage auf, was diese Menschen zu Vorbildern macht? Was zeichnet diese Menschen aus?

Ich bin davon überzeugt, dass diejenigen, die das Älterwerden annehmen können, indem sie sich nicht aufs Abstellgleis setzen lassen, sondern an ihren Visionen festhalten oder sie entwickeln, länger geistig und körperlich fit bleiben. Es sind nach meiner Beobachtung Menschen, die sich ihre kindliche Begeisterungsfähigkeit und ihre spielerische Experimentierfreudigkeit bewahrt haben. Es sind Menschen, die an Entwicklungen teilnehmen und alles lernen wollen, was sie noch nicht können.

Vor allem aber haben diese Menschen eine positive Einstellung und eine Aufgabe. Nur, gar nichts zu tun, sich auf das Altenteil zu begeben und einer Versorgungsmentalität zu verfallen, ist der Anfang vom Ende.

Auf einen besonderen Traum gehe ich im Folgenden ein:

Theater spielen

Theater spielen im Alter kann die Erfüllung des Traumes sein, einmal auf den Brettern zu stehen, die die Welt bedeuten. Es kann die Möglichkeit sein, seine Vergangenheit, seine jetzige Situation oder seine Probleme im Kreise Gleichaltriger darzustellen und bekannt zu machen. Es kann Energien zur Bewältigung der eigenen Lebenssituation freisetzen.

Für den ständig wachsenden Anteil älterer Menschen ist es eine Chance, kreativ zu sein und zu sich selbst zu finden und macht zugleich andern eine Freude. Man steht nicht abseits, ist integriert und verbessert somit seine Lebensqualität. Theater spielen funktioniert in der Gruppe nicht ohne Einübung von Toleranz, es fördert den Dialog zwischen den Generationen und hilft so auch, Vorurteile abzubauen.

Für die Spielerinnen und Spieler ist es ein ausgezeichnetes Training des Gedächtnisses und hilft auch, körperlich fit zu bleiben. Die vielen Reisen mit Zug oder Auto, das Transportieren und Aufstellen von Kulissen, die Anpassung an jede Größe von Saal und Bühne fördert die Flexibilität.

Die psychologische Wirkung des Theaterspielens ist nicht zu übersehen, der Erfolg stärkt das Selbstwertgefühl und fördert das Selbstvertrauen. Man erhält Applaus und findet Anerkennung. Es ist ein ausgezeichnetes Mittel gegen Vereinsamung und Depression. Geistige Fitness kann körperliche Mängel überwinden. Man bleibt selbstständig und stellt noch Ansprüche ans Leben.

Das »Freie Werkstatt Theater Köln« (FWT)[18] lernte ich bei einer Fortbildung der Caritas Köln kennen. Es handelt sich um ein Seniorentheater, das selbst geschriebene Theaterstücke aufführt, Workshops und Diskussionsrunden veranstaltet. Die Mitglieder des Ensembles sind zwischen 61 und 90 Jahre alt. Die Theaterstücke thematisieren die Lebens- und Zeitgeschichte der Beteiligten, den Eintritt ins Pensionsalter und das Leben als älterer und alter Mensch heutzutage.

»Alle Tage Sonntag« heißt das Stück, das ich sah. Viele Fragen werden darin aufgeworfen: Gibt es die große Freiheit im Alter? Wird die freie Zeit zur Freizeit, in der man von einem Zeitvertreib zum anderen eilt? Voller Selbstironie, offen, direkt, spritzig, angereichert mit eigener Erfahrung, nimmt das Ensemble die Gestaltung des Alltags im Alter aufs Korn.

Die aktiven Ensemblemitglieder sind Hausfrauen, Verkäuferinnen, Angestellte, Sekretärinnen, Kindergärtnerinnen, Lehrerinnen, Beamte oder Handwerker. Sie trainieren, improvisieren und inszenieren ihre Stücke, die sinnenfroh, selbstironisch aber auch nachdenklich das eigene Leben widerspiegeln. Sie zeigen damit beispielgebend das Alter als einen bereichernden Lebensabschnitt.

Diese Begeisterung und das Engagement der Schauspieler kommen auch in dem Interview zum Ausdruck, das ich nach einer Aufführung mit dem Ensemble führte:

»Theaterspielen ist wie Baden in perlendem Sekt.« (Thea Jurkovics)

»Als ich zum ersten Mal vom Altentheater hörte, da dachte ich, da musst du hin. Dass ich da mitgemacht habe, das war die Sternstunde meines Lebens.« (Martha Geidel)

»Ich kann es mir nicht mehr vorstellen, wie es mal ohne Theater war, bin richtig süchtig danach.« (Doris Fürbringer)

Adressen weiterer Altentheater finden Sie im Anhang!

Aber es muss nicht Theaterspielen sein. Sie haben vielleicht ganz andere Träume, so wie Margot. Margot, die 40 Jahre als Lehrerin tätig war, fasste nach ihrer Pensionierung den Entschluss, nach einem Leben für andere endlich etwas für sich selbst zu tun:

»Und jetzt mache ich einmal, wozu ich bisher keine Zeit hatte. Ich gehe einmal in der Woche Schwimmen. Dafür hatte ich früher nie Zeit. Ich konnte zwar schwimmen, wenn ich mit meinen Schülern auf Klassenfahrt unterwegs war, aber so intensiv wie heute nicht. Und das macht so viel Spaß. Eine Stunde Schwim-

men hintereinander weg, danach fühle ich mich wie eine junge Göttin. Ich habe noch ein zweites Hobby für mich entdeckt, das Theaterspielen. Dabei habe ich die Möglichkeit, meine Gefühle auszudrücken.

Ich kenne aber auch Zeiten, in denen ich mich absolut überflüssig gefühlt habe und mich selbst krank gemacht habe und gar nicht umgehen konnte mit diesem ›Ich werde nicht mehr gebraucht‹. Und das habe ich überwunden – zumindest jetzt fühle ich mich da ganz anders. Vielleicht bleibt es niemandem erspart, da durchzugehen, bis zu einem Punkt, wo ich dann sage, was mache ich jetzt mit meiner Kraft?

Jemand wie ich, der immer berufstätig war, vier eigene Kinder großgezogen hat und den Haushalt ohne fremde Hilfe erledigte, einen Menschen mit so viel Power kann man nicht auf das Altenteil setzen. Neben meinen Enkeln und dem Engagement in der Kirchengemeinde habe ich meine Hobbys, die mich fordern und ausfüllen. Für mich ist der Ruhestand ein selbst gewählter Unruhestand, mit dem ich glücklich und zufrieden bin. Für mich ist wichtig, dass ich nach dem Aufstehen irgendwas tue, was mir Spaß macht, was vielleicht aber auch noch für andere von Bedeutung ist. Jeder Tag bietet neue Abwechslung und immer ist etwas los, entweder nur für mich selbst, was mir Spaß macht, was mich in Schwung hält oder für andere, zum Beispiel in der Theatergruppe. Dass ich einfach so in den Tag hineinlebe und nicht weiß, was ich machen soll, das kommt bei mir nicht vor.«

Dieses ermutigende Beispiel zeigt, dass der Ausstieg aus dem Arbeitsleben ein Einstieg in mehr Lebensfreude sein kann – und dass das Leben ein Unruhestand ist: Denn die ewige Ruhe kommt später.

Manche aus der Generation 60plus, deren Leben nicht mehr primär von den bisherigen Pflichten in Familie und Beruf geprägt ist und die sich noch rüstig genug fühlen, erkennen, dass es sie ausfüllt und glücklich macht, also ihrem Leben einen neuen Sinn gibt, wenn sie etwas für die Allgemeinheit tun. Längst nicht alle Dienstleistungen, die nötig wären, werden angeboten oder sind bezahlbar. Wer sich in diesem Bereich einbringt, übernimmt eine wichtige gesellschaftliche Aufgabe und hat das Gefühl, etwas Wertvolles zu leisten.

Ein Beispiel dafür ist die Seniorenbetreuung:

35 Jahre lang war Milly Friseurin. In dieser Zeit hatte sie auch viele alte Kundinnen, von denen sie immer wieder etwas über die wachsende Einsamkeit alter Menschen erfuhr.

Als sie arbeitslos wurde und eigentlich auf ihre Rente hätte warten können, suchte sie nach einer neuen Geschäftsidee. Die war bald gefunden und bekam auch einen Namen: »Gesellschafterin für Senioren« steht heute auf ihren Visitenkarten. Milly besuchte ein Existenzgründer-Seminar, ließ sich beraten und Flyer drucken, schaltete Anzeigen, zog ihre Idee systematisch durch. Drei Jahre ist das nun her, und ihr Geschäft läuft gut. Die meisten ihrer Kunden bekommt sie allerdings nicht durch Flyer und durch Werbung, sondern durch Mundpropaganda. Denn unabdingbare Grundlage für die Arbeit als Gesellschafterin ist Vertrauen.

Auch für Herta, 59, seit Kurzem durch eine Firmeninsolvenz arbeitslos, ist es eine wunderschöne und sinnvolle Aufgabe, sich mit älteren Menschen zu beschäftigen. Gegen eine Aufwandsentschädigung von 7,15 € pro Stunde kümmert sie sich um alte Menschen – zu Hause oder im Heim. Den Betrag zahlen entweder die älteren Menschen selbst oder ihre Angehörigen, in manchen Fällen sogar das Sozialamt.

Herta beobachtet, dass die »alten Herrschaften« in Altersresidenzen zwar sehr gut versorgt und verpflegt werden, sie aber dennoch die meiste Zeit des Tages allein sind. Für diese Menschen vermittelt der Paritätische Wohlfahrtsverband in verschiedenen Städten Helferinnen. Die Vermittlung ist sehr wichtig, denn die älteren Menschen werden so ausgesucht, dass sie zu den Betreuern passen. Außerdem bietet der Verband regelmäßig Fortbildungen an, die die Arbeit mit alten Menschen zum Thema haben und auch den Angehörigen zu versichern, dass ihre alten Familienangehörigen gut betreut werden.

Einmal in der Woche besucht Herta für zwei Stunden Frau F., die schon seit fünf Jahren in der Seniorenresidenz wohnt. Das Leben mache keine Freude mehr, wenn man alt werde, nicht mehr richtig höre und sehe, so beschreibt die 96-Jährige ihre Situation. Sie bekommt zwar regelmäßig Besuch von ihrem Sohn und ihrer Schwiegertochter, aber alte Freunde und Bekannte hat sie nicht mehr. Frau F. fühlt sich einsam. Früher hatte sie ein schönes Haus mit Terrasse und Garten, doch in der Seniorenresidenz fühlt sie sich fremd. Verständnis, Erinnerungen an schöne, alte Zeiten bringen Freude in den Alltag von Frau F.

Herta weiß, welche Aufgabe sie bei ihrer Arbeit erwartet, denn bis zu deren Tod hat sie ihre Mutter gepflegt und so den Umgang mit älteren Menschen kennengelernt. Sie will einerseits Geld verdienen und andererseits etwas Sinnvolles für andere Menschen tun, weil sie festgestellt hat, dass es so viele ältere Menschen gibt, die niemanden haben, die einfach ganz alleine dasitzen und von einer Mahlzeit auf die andere warten. Herta hat festgestellt, dass ihr der Umgang mit fremden Senioren, verglichen mit der Pflege ihrer Mutter, leichter fällt. Sie geht an die Aufgabe professioneller und mit mehr innerem Abstand heran. Sie sei viel geduldiger bei fremden Personen und sehe über manches hinweg, was sie bei den eigenen Eltern doch korrigiert hätte.

Auch die 94-jährige Frau R. freut sich zweimal in der Woche auf Hertas Besuch. Seit sieben Jahren lebt Frau R. im Seniorenstift. Inzwischen ist sie völlig erblindet. Darunter leidet sie sehr, denn sie las gern und sah gern Fernsehen. Ihr Sohn ruft sie jeden Abend an und ihre berufstätige Tochter kommt jeden Sonntag vorbei. Ihre Erblindung ist für Frau R. ein Einbruch, der sich auch auf ihre einstige Lebensfreude niederschlägt. Doch Gespräche, die eine Expedition in die Vergangenheit darstellen, und Spaziergänge heitern die alte Frau auf.

Herta schafft es immer wieder, die alte Dame zum Lachen zu bringen. Das tut Frau R. gut, und das wissen auch ihre Kinder.

Ohne Hertas Besuche wäre Frau R. unglücklich. Sie freut sich auf die Tage, an denen Herta kommt, weil diese gemeinsame Zeit eine ganz wichtige Hilfe für sie ist. Für Herta ist es oft schwierig, mit anzusehen, wie schwer man im Alter zurechtkommt. Da können schon Kleinigkeiten wie das Vorlesen aus der Tageszeitung oder ein tröstendes Wort sehr viel wert sein. Herta geht in ihrer Arbeit auf, doch manchmal ist sie auch etwas bedrückt, wenn sie wieder nach Hause fährt.

Mit all dem will ich zeigen, dass es auch für Sie im Alter wesentlich ist, sich Ziele zu setzen, Aufgaben und Verantwortung zu übernehmen, weil es Sie zufrieden macht und in Ihrem Herzen jung hält.

Hier sind ein paar Tipps, wie sie ihre Ziele verwirklichen können:

- Sie möchten gern Schach spielen lernen, sind aber nicht mehr ganz jung? Na und? Sie träumen davon, Gesangsunterricht zu nehmen? Was spricht dagegen? Wunschträume sind dazu da, erfüllt zu werden.
- Akzeptieren Sie, dass Sie viel mehr auf die Beine stellen können, als Sie glauben. Verscheuchen Sie Gedanken wie »Das kann ich nicht« oder »Dafür bin ich zu alt« aus Ihrem Kopf. Fangen Sie einfach an!
- Ersetzen Sie die Frage »Ob ich das wohl noch kann?« durch das positiv-neugierige »Wie kann ich es schaffen?«.
- Denken Sie nicht darüber nach, was andere von Ihnen erwarten. Fragen Sie sich, was Sie selbst vom Leben erwarten. Beantworten Sie sich zudem, warum es ausgerechnet diese Sache ist. Wollen Sie mehr Freude? Dann legen Sie los. Oder wollen Sie sich vor einer Verantwortung drücken? Tun Sie es nicht. Sie werden nicht glücklich damit.
- Gestatten Sie sich, Fehler auf dem großen Weg zu Ihrem Ziel zu machen und Rückschläge zu erleiden. Das ist normal und eine gute Chance, für die Zukunft zu lernen.

- Schreiben Sie sich ein Programm für Ihr Motivationstraining: »Dahin will ich und ich schaffe es!« Sprechen Sie diese Sätze täglich mehrfach aus. Spüren Sie, welche Gefühle sie in Ihnen freisetzen.
- Sind noch Zweifel vorhanden? Dann üben Sie weiter, bis Sie Ihrer Sache sicher sind.
- Halten Sie Kontakt zu Menschen, die an Sie und Ihren Erfolg glauben und orientieren Sie sich an denen, die ein scheinbar »verrücktes« Ziel bereits erreicht haben.

Reisen

Wenn Sie zu der Generation 60plus gehören und gern Urlaubsreisen unternehmen, dann brauche ich Ihnen nicht von den Vorzügen des Reisens vorzuschwärmen. Sie wissen selbst, warum es Ihnen gut tut, vorübergehend den heimischen Herd zu verlassen. Sie gehören dann einer wachsenden Gruppe von Deutschen an, die gern und häufig verreist.

Nach der Studie »Marktmacht Senioren« des Axel-Springer-Verlags machen mehr als 28 Prozent der über 60-Jährigen mehrere Urlaubsreisen im Jahr. Insgesamt waren im Jahr 2003 ca. 36 Prozent aller deutschen Urlauber 60 Jahre oder älter.[19] Laut der Reiseanalyse 2006 der Forschungsgemeinschaft Urlaub und Reisen e.V. gehen 75 Prozent der 60- bis 69-Jährigen auf Reisen, bei den über 70-Jährigen sind es 60 Prozent. Damit stellt diese Gruppe einen wichtigen Wachstumsmarkt für die Tourismusbranche dar – rund 30 Prozent aller Urlauber sind Senioren.[20]

In diesem Kapitel wende ich mich vor allem an jene Senioren, die schon die Neigung in sich spüren, lieber in der gewohnten Umgebung zu Hause zu bleiben. Sie befürchten, dass ihnen eine Reise Stress, Anstrengung, Einschränkungen und Unannehmlichkeiten bereiten würde.

Eine Nachbarin sagte mir einmal:

»Wir sind früher viel verreist, wir kennen schon alles. Warum sollen wir noch verreisen? Wir haben hier in unserem Haus allen Komfort, in meinem Bett schlafe ich besser als in jedem Hotelbett und wenn es im Sommer bei uns schön ist, sonnen wir uns auf der Terrasse.«

Schade, würde ich sagen. Sie hat sich um viele neue Eindrücke gebracht.

Ein Sprichwort sagt: »Wer eine Reise tut, hat viel zu erzählen«. Dieser Satz hat immer noch seine Gültigkeit. Denn, wenn Sie nicht zum 23. Mal in denselben Ort, in dieselbe Pension fahren, ist es sehr wahrscheinlich, dass Sie etwas Neues, Aufregendes, Anregendes oder gar Abenteuerliches erleben. Im Nachhinein, also in der Erinnerung, werden sogar solche Erlebnisse, die aktuell mit Stress und Anstrengung verbunden waren, zu Geschichten, die man gern erzählt. Dass man eine kräftezehrende oder nervenaufreibende Situation überstanden hat, ist schließlich ein Erfolgserlebnis, auf das man stolz sein kann.

Hierzu ein kleines Urlaubserlebnis, das mein Mann und ich nie vergessen werden:

Wir hatten vor einigen Jahren eine Pauschalreise nach Mallorca gebucht. Unser Reiseziel war eine idyllische kleine Bucht, unsere Ferienwohnung befand sich in einem im maurischen Stil erbauten, verschachtelten Gebäudekomplex am Hang. Wir kamen nachts gegen 1 Uhr schon ziemlich erschöpft mit dem Transferbus in der Ferienanlage an. Die Dame an der Rezeption war sichtlich erleichtert, dass wir endlich gekommen waren, gab uns den Schlüssel und einen Lageplan in die Hand und verschwand.

Nun waren wir auf uns alleine angewiesen, unsere Wohnung in dem Labyrinth aus Treppen, Gängen und seitlich und in der Höhe versetzten Appartements zu finden. Es war dunkel, nur einige Laternen beleuchteten die Anlage. In der Nummerierung der Appartements konnten wir keine Logik erkennen. Wir suchten die Nummer 161. Wir fanden 160, 159, 142, nur nicht die 161. Die Skizze, die im Laternenlicht kaum zu lesen war, und die Realität wollten nicht zusammenpassen. Dazu die beschwerliche Kofferschlepperei treppauf, treppab.

Schließlich blieb ich mit den Koffern auf einem Treppenabsatz zurück und mein Mann machte sich noch einmal auf eine gründliche Suche. Nach 15 Minuten kam er ohne Ergebnis zurück. Wie sollte es nun weitergehen? An der Rezeption war niemand mehr zu erreichen. Zu dieser Zeit in einem anderen Hotel eine Bleibe zu finden, haben wir auch schnell wieder verworfen. Wie hätten wir auch in der Dunkelheit der Nacht und ohne Auto dorthin kommen sollen? So kam mir die Idee, einfach auf einer Bank die Nacht in lauer Luft unter dem Sternenhimmel zu verbringen und abzuwarten, bis wir am nächsten Tag zum Ziel kommen könnten. In dieser Situation sagte mein Mann, er wolle es noch einmal versuchen und – tatsächlich – er fand unser Appartement!

Wir waren sicherlich schon mehrfach daran vorbeigelaufen ohne die Nummer zu sehen, weil diese unter einem Balkon – also im Schatten des Laternenlichts – angebracht war. So waren wir endlich um 2 Uhr nachts in unserer Wohnung und – Sie werden es mir glauben – so gut hat eine von mir mitgebrachte Flasche Rotwein, die wir uns nach diesen Strapazen gönnten, selten geschmeckt!

Ähnliche Überraschungen können Sie fast bei jeder Urlaubsreise erleben. Aber, wenn Sie als Senior keine Angst vor Herausforderungen haben, dann zeigen Sie, dass sie wirklich noch jung sind. Sie müssen ja nicht gerade Abenteuerurlaube planen.

Dass so viele Menschen – auch der Generation 60plus – gerne vereisen, kann nur damit erklärt werden, dass sie mehr Vorteile als Nachteile darin sehen. Es gibt viele Motive für eine Reise:

Ihr Körper profitiert: Sie bewegen sich mehr, Sie sind länger in frischer Luft, ein anderes Klima stimuliert Ihren Kreislauf. Sie schlafen besser und lassen sich kulinarisch verwöhnen. Manche Menschen gehen gezielt in Wellnesshotels und lassen sich dort nach allen Regeln der Kunst verwöhnen.

Ihr Geist und Ihre Seele profitieren: Sie lassen sich von Landschaften und Kulturen begeistern. Sie erhalten Anregungen, sich mit der Geschichte und Kultur des Urlaubslandes zu beschäftigen.

Etwas Unerwartetes passiert immer: Wenn Sie ein bisschen aufgeschlossen sind, lernen Sie andere Menschen kennen. In der Regel halten solche Bekanntschaften nur bis zum Urlaubsende, aber interessant ist es allemal, sich mit anderen Menschen eine Weile zu unterhalten und sich über das Erlebte auszutauschen.

Auf einen Punkt gebracht: Ein Urlaubsreise tut Ihnen gut! Sie zeigen, dass Sie noch jung genug sind, Herausforderungen annehmen zu können, die mit jeder Reise mehr oder weniger verbunden sind. Und sie beweisen, dass Sie offen gegenüber anderen Menschen sind und bereit, Neues zu lernen. Sie werden reicher an Erfahrungen zurückkehren, denn – wie bereits gesagt: Wer eine Reise tut, kann viel erzählen.

Besonders viel kann uns Udo, 68, berichten, der nach seiner Pensionierung mit einem Zelt die Weiten Skandinaviens erfuhr:

»Die Weite, das Licht, die Stimmung – seit 20 Jahren reise ich nach Skandinavien. Die Landschaften verlieren nie an Reiz für mich. Bei Sonne, Wind und Wetter bin ich auf markierten Wegen unterwegs und treffe manchmal niemanden den ganzen Tag. In Abenteuer stürze ich mich nicht mehr, aber vermeiden lassen sie sich nicht. Einmal standen zwei Moschusochsen auf dem Weg. Denen soll man ja nicht zu nahe kommen. Da musste ich über den Berg ausweichen. Da ich gut ausgerüstet bin, ist mein Individualurlaub von der Zivilisation eigentlich kein wirkliches Abenteuer. Für Notfälle habe ich immer ein Zelt dabei und eine perfekte Ausrüstung: Kocher, Energieriegel, Mahlzeiten aus der Tüte und Mückenschutz. Zur Vorbereitung auf meine alljährliche Expedition in den Norden laufe ich täglich fast zwei Stunden. Das bringt Ausdauer. Yoga bringt mir Kraft, Beweglichkeit und das Gleichgewicht. Im Spätsommer, wenn die Mücken weg sind, geht's wieder hinauf in den Norden.«

Die Einstellung zum Reisen verändert sich mit den Jahren.

Kurt, 67 Jahre:

»Als ich jung war, habe ich immer davon geträumt, mit dem Campingbus durch Europa zu ziehen. Jetzt, wo ich mir so ein Fahrzeug auch leisten könnte und die Zeit dazu habe, denke ich etwas anders darüber. Die in fast ganz Europa vorhandene hohe Kriminalität auf den Straßen und öffentlichen Plätzen erlaubt das Campieren nur noch auf gesicherten Campingplätzen. Der große Vorteil von Freiheit existiert nicht mehr so wie früher. Im Gegenteil, die sperrigen Dimensionen des eigenen Heims auf vier Rädern verhindern sogar manche Fahrten. Heute reicht mir für den Urlaub über Land mit totaler Freiheit das eigene Auto.

Mit Bed-and-Breakfast lernt man mehr von Land und Leuten kennen als bei irgendeiner anderer Art zu reisen. Die Anzahl billiger Übernachtungshotels wächst ständig. Und wer sich nicht zu viel vornimmt, kann auf diese Weise sich sogar bestens erholen und dabei viel sehen und auch erleben!«

Es gibt natürlich auch Einwände gegen das Reisen, die ich hier jedoch ein wenig entkräften möchte:

Die fremde Sprache

Mancher fühlt sich unwohl in einem Land, in dem er sich nicht in der Landessprache verständigen kann. Aber sollte man deshalb immer nur nach Bayern oder Österreich fahren? Wer in der Schule Fremdsprachen gelernt hat (!?) wie Englisch, Französisch, Spanisch oder Russisch, kann sich in den entsprechenden Ländern sicher ganz gut über Wasser halten. Für alle anderen Sprachen gilt: Man sollte sich wenigstens ein paar Ausdrücke und Redewendungen aneignen. Es muss nicht gleich ein ganzer Volkshochschulkurs sein. Ihr Engagement beim Lernen (siehe im Kapitel 3: Lernen im Alter) einiger fremdsprachlicher Grundlagen wird durch Freundlichkeit und Anerkennung Ihrer ausländischen Gastgeber mehr als ausgeglichen.

Sorge der Alleinstehenden

Viele ältere Menschen sehnen sich nach Abwechslung vom grauen Alltag und wünschen sich, der Einsamkeit der eigenen vier Wände zu entfliehen. Aber sie wissen auch, dass es im Hotelrestaurant auf Sizilien oder Kreta noch frustrierender als zu Hause sein kann, seine Mahlzeit allein einzunehmen, während um einen herum nur heitere Geselligkeit herrscht. Auch bei jeder Exkursion leiden Alleinreisende unter der Isolation. Abgesehen davon trauen manche Alleinstehenden es sich vielleicht grundsätzlich nicht mehr zu, allein zu reisen. In dieser Lage ist es ratsam, sich selbst eine Urlaubsbegleitung zu organisieren.

Wenn Sie seniorengerechte Reiseziele suchen, können Sie sich professionell helfen lassen: In Bochum gibt es z. B. das erste Senioren-Reisebüro. Die Adresse finden Sie im Anhang unter: www.fuk-reisen.de. Inzwischen wird alleinstehenden, älteren Menschen, die sich eine Reise allein nicht mehr zutrauen, »betreutes Reisen« angeboten, z.B. von »Videlis Seniorenreisen e.V.« Auch diese Adresse finden Sie im Anhang unter: www.videlis.de.

Sorgen behinderter Menschen

Für behinderte Senioren gibt es eine Reisebegleitung, die Pflege und Unterstützung bietet. Egal, ob jemand im Rollstuhl sitzt, unter Inkontinenz leidet, unterwegs verschiedene medizinische Leistungen benötigt oder einfach nur die Sicherheit einer kompetenten Reisebegleitung genießen möchte. Je nach Betreuungsinhalt legt der Kunde selbst fest, ob er eine Krankenschwester, eine Altenpflegerin oder lediglich eine einfache Begleitung benötigt. Selbstverständlich kann man auch zwischen weiblicher und männlicher Reisebegleitung wählen. Die ausgesuchte Reisebegleitung holt Reisende von zu Hause ab und begleitet sie während des gesamten Urlaubs, je nach Wunsch bis zu 24 Stunden am Tag.

Die Adressen für diesen Service finden Sie im Anhang unter:
www.reisebegleitservice24.de/reisebegleitung. html
und www.vdk-reisen.de

Geld

Auch die nicht so gut situierten Senioren können erschwingliche Reisen buchen. Wohlfahrtsverbände wie der Arbeiter-Samariter-

Bund oder die Arbeiterwohlfahrt bieten im Rahmen von Seniorenprogrammen oder in Zusammenarbeit mit kommerziellen Reiseveranstaltern Reisen für ältere Menschen an. Zum Teil erwirtschaften die Verbände mit den Reisen keinen Gewinn, oder sie erhalten Zuschüsse, zum Beispiel vom Kuratorium für Altershilfe. Dadurch werden die Reisen dann auch für weniger Betuchte erschwinglich. Fragen Sie am besten bei den Orts- und Bezirksverbänden der Wohlfahrtsorganisationen nach. Auf jeden Fall sollten Sie sich immer genau danach erkundigen, ob und welche Betreuung angeboten wird.

Reisen ist eine Aktivität, die bis ins hohe Lebensalter Anregung, Herausforderung und Freude bringt. Überzeugt Sie das, eine Reise zu einem unbekannten Ziel zu unternehmen?

»Den Wanderer« nannte man Johann Wolfgang von Goethe. Fleißige Philologen haben errechnet, dass Goethe immerhin 40 000 Kilometer zurückgelegt hat, einmal rund um den Äquator – zu Fuß, als Reiter oder in der Kutsche. Alle seine Reisen inspirierten ihn. Das Motiv des Unterwegsseins durchzieht Goethes gesamtes Werk, und er selbst hat seine Reisen detailliert festgehalten.

Weitere Adressen zum Thema Reisen finden Sie im Anhang!

Die Nutzung des Internets

Wenn Sie zur Generation 60plus gehören und über einen Computer mit Internetanschluss verfügen, werde ich Ihnen in diesem Kapitel wohl nichts Neues sagen können. Obwohl laut Jahrbuch 2006 des Statistischen Bundesamtes durchschnittlich 54,6 Prozent der Haushalte über einen derartigen Anschluss verfügen, ist die Neigung, sich mit diesem »neumodischen Zeug« zu befassen, unter den Senioren ab 55 Jahren, insbesondere den Hausfrauen und Rentnern, aber nicht besonders ausgeprägt. Nur 35 Prozent der über 55-Jähringen verfügten Anfang 2005 über einen Computer und von ihnen nutzten das Internet weniger als die Hälfte.[21] Das ist durchaus verständlich, wenn wir uns vergegenwärtigen, dass in diesem Alter die Abwehr von allem Neuen typisch ist. (vgl. im Kapitel 1: Die geistigen und psychischen Folgen des Alterns)

Als ich einmal zu einem Freund meines Mannes sagte: »Das kannst Du doch im Internet nachsehen!«, meinte er nur: »Internet? Hab' ich nicht, brauch' ich nicht!« Wenn er eine Flugreise buchen will, geht er zu seinem Schwager, der hat einen Computer und der macht das dann für ihn.

Selbstverständlich ist im privaten Bereich ein Computer mit Internetanschluss keine zwingende Voraussetzung für ein glückliches Leben. Sie brauchen ja auch nicht unbedingt einen Anrufbeantworter am Telefon. Wer Sie nicht erreicht hat, kann ja noch einmal anrufen!

Das hat auch alles nichts mit der sogenannten Technikfeindlichkeit zu tun. Häufig versuchen die »Jungen« auf die »Alten« einzureden, weil sie diese auch mit den Segnungen der neuen Technik beglücken möchten. In einem mir bekannten Fall schenkte ein Sohn seiner verwitweten Mutter einen PC und richtete ihn ihr auch für den Netzzugang ein. Die Dame ging sogar zu Computerkursen, um die Bedienung zu lernen. Aber als die ersten Schwierigkeiten auftraten (Virenbefall!), gab sie entnervt auf. Jetzt steht der PC im Keller. Vielleicht ist es Ihnen so oder so ähnlich gegangen!

Wenn Sie mit 60plus das Werkzeug »Computer« erfolgreich nutzen wollen, müssen Sie drei Voraussetzungen erfüllen:

Die erste Voraussetzung: Sie müssen von bestimmten Funktionen des PCs und von der Notwendigkeit, sie zu nutzen, wirklich überzeugt sein.

Ich selbst habe jahrelang meine Manuskripte in die Schreibmaschine »gehackt«. Obwohl mein Mann mich immer wieder von den Vorteilen des PCs überzeugen wollte, wehrte ich mich mit Händen und Füßen gegen einen Computer. Erst meiner Tochter gelang es – wahrscheinlich, weil Sie mich bei meiner Ehre packte –, meine Ablehnung zu überwinden. Heute kann ich nicht mehr verstehen, warum ich so lange nicht gesehen habe, dass das Schreiben in einen Speicher statt direkt auf Papier so viele Vorteile hat.

Zwei meiner Freundinnen haben erst mit 68 bzw. 73 Jahren begonnen, sich auf den PC einzulassen. Das Hauptmotiv war für beide: Sie wollten E-Mails schreiben und empfangen können. Beide wohnen im Jahr teils in Deutschland, teils in Spanien und sehen die Notwendigkeit, ihre Kontakte in beiden Ländern zu pflegen. Natürlich ersetzen E-Mails nicht Telefonate und Briefe. Aber eine E-Mail schreibt sich schneller, ist im Nu beim Adressaten und kostet weniger als ein Telefonat. Nicht immer erreicht man jemanden über Telefon. Für besondere Anlässe ist natürlich ein handgeschriebener Brief zu bevorzugen. Falls Sie Enkelkinder haben, werden Sie vielleicht auch schon einmal gefragt worden sein: »Oma, kann ich Dir eine E-Mail zum Geburtstag schicken?« Auch das sollte Ihnen zu denken geben.

Ein weitere Funktion der Internetnutzung besteht darin, dass Sie von zu Hause aus bequem und zeitsparend Geschäfte abwickeln können. Das könnte für Sie ein großer Vorteil sein, wenn es Ihnen schwer fällt, Ihre Wohnung zu verlassen. So können Sie

z. B. Ihre Banküberweisungen online ausführen, über ebay Produkte er- oder versteigern, bei einer Direktanlagebank die Kursentwicklung ihrer Wertpapiere beobachten und sekundengenau kaufen oder verkaufen oder Bahn- und ganze Urlaubsreisen buchen.

Ein Hauptmotiv für die Nutzer des Internets besteht in dem Zugang zu einer gigantischen Fülle von Informationen, zu denen sie mit der Eingabe von Suchbegriffen über sogenannte Suchmaschinen (z. B. Google) gelangen.

Zweite Voraussetzung: Sie sollten wissen, an wen Sie sich wenden können, wenn es zu Problemen kommt.

Es kann nicht schaden, zu Anfang einen Computerkurs zu besuchen. Bei den anfangs üblicherweise auftretenden Fragen der Bedienung oder der speziellen Anwendungsprogramme wie Word reicht es aus, jemanden in der Umgebung zu kennen, den man anrufen kann, der Erfahrung hat und einem unter die Arme greift. Bei größeren Problemen der Software, des Netzzuganges usw. sollten Sie professionelle Hilfe in Anspruch nehmen. Es gibt genug kleine EDV-Unternehmen, die Ihnen – natürlich gegen Bezahlung – diese Probleme beseitigen.

Drittens, das Allerwichtigste: Sie müssen grundsätzlich bereit sein, dazuzulernen. Am sichersten lernen Sie durch Übung. Sie kennen das. Wenn Sie ein Jahr lang Ihre Digitalkamera nicht mehr benutzt haben, dann müssen Sie, um eine einfache Funktion auszuüben, wie z. B. das Löschen der Bilder, in der Bedienungsanleitung nachlesen. Beim PC ist das nicht anders. Machen Sie sich klar, dass er eigentlich nur ein Werkzeug in Ihrer Hand ist. Den Umgang müssen Sie üben. Sie lernen auch aus Fehlern. Zu Anfang ist es mir passiert, dass auf unerklärliche Weise plötzlich ganze Texte gelöscht waren und die Arbeit manchmal von einem ganzen Tag verloren war. Mit der Zeit lernt man, so etwas zu vermeiden. Ganz zu Anfang ist es empfehlenswert, sich die Bedienungsschritte für bestimmte Funktionen auf einem Spickzettel aufzuschreiben.

Sie sehen, wenn Sie auch nur eine Funktion des PCs interessiert, dann lohnt es sich, das Abenteuer zu beginnen. Lassen Sie sich in der Anfangszeit unterstützen und seien Sie lernhungrig. Von den ersten Erfolgen, z. B. eine E-Mail von Ihrer besten Freundin zu bekommen und ihr antworten zu können, werden Sie begeistert sein. Und ab dann – das versichere ich Ihnen – gehören Sie dazu: zu den Alten, die noch jung geblieben sind!

Neue Wohnformen ausprobieren

Viele ältere Menschen kommen nach Partnerverlust durch Scheidung oder Tod zu der entscheidenden Frage: Wo und wie soll ich für den Rest meines Lebens wohnen? Allein im Haus oder der Wohnung bleiben, in ein Altenheim, eine Seniorenresidenz oder in eine Wohngemeinschaft (WG) ziehen?

»Das ist doch nur etwas für junge Leute!« Diese und ähnliche Äußerungen hat Irmtraud, 68, im Familien- und Freundeskreis gehört, als sie von der Alternative Wohngemeinschaft sprach. Doch sie sieht das ganz anders:

»In einer WG bewahre ich meine Unabhängigkeit und bin doch nicht allein. Wenn ich möchte, kann ich Gesellschaft und Unterhaltung finden, ich kann mich aber ebenso zurückziehen.«

Gemeinsame Reisen und Unternehmungen verspricht sie sich von dieser Lebensform mit Gleichgesinnten. Und auch im Krankheitsfall könnten sich die WG-Mitglieder gegenseitig helfen und stützen. Außerdem sei durch diese Lebensform ein höherer Wohnstandard möglich, als ihn sich die meisten Menschen leisten könnten, meint die Seniorin. Vorraussetzung sei allerdings eine gute persönliche Vorbereitung auf diese Art des Wohnens und Lebens, eine gesunde Portion Toleranz und ein gemeinsames Verständnis der WG-Bewohner.

In vielen Städten entwickeln sich immer mehr »Alten-Wohngemeinschaften«. Das Göttinger Projekt »Alten-Wohngemeinschaft« ist ein Beispiel für diese Entwicklung.[22] 1994 realisierte die Freie Altenarbeit Göttingen e.V. das erste niedersächsische Projekt einer selbst organisierten WG älterer Menschen. Die Stadt Göttingen stellte dem Verein eine leer stehende Jugendstilvilla zur Verfügung, die im Rahmen der Auflagen des Denkmalschutzes umgebaut wurde.

Zurzeit leben in der Jugendstilvilla elf Frauen zwischen 64 und 91 Jahren. Es handelt sich um ein Projekt, das nicht für, sondern mit den Bewohnern gestaltet wurde. Entstanden sind elf Zwei-Zimmer-Wohnungen mit je 30 bis 48 m^2 Wohnfläche. Zusätzlich stehen 335 m^2 Gemeinschaftsfläche zur Verfügung, zwei Gästewohnungen, eine Gemeinschaftsküche, eine Bibliothek und ein parkähnlicher Garten. Die WG ist alles andere als ein Luxusprojekt für betuchte Alte. Die monatliche Warmmiete liegt bei 327 bis 542 €. Bei diesen Mieten ist es auch Menschen mit geringerer Rente möglich, in diesem Projekt zu leben, ohne von Sozialhilfe abhängig zu sein.

Wer im Alter in eine Senioren-WG zieht, muss flexibel und lernbereit sein, denn man trifft auf Menschen, die auch noch nie WG-Erfahrungen gemacht haben. Darüber hinaus sind viele Vorurteile, eigene wie auch die von Angehörigen, zu überwinden. Wichtig, um sich in einer neuen Wohnform wohlzufühlen, ist das menschliche Klima, das von persönlicher und gegenseitiger Anteilnahme und Toleranz geprägt sein sollte. Dennoch gibt es auch hier Konflikte, die günstigstenfalls bewältigt, nicht selten augenzwinkernd belassen, manchmal auch verdrängt werden – aber stets in dem Gefühl der gegenseitigen Verbundenheit.

Die Göttinger Jugendstilvilla bietet viele Nischen und gibt den unterschiedlichsten Bedürfnissen wie Individualität und Gemeinschaftlichkeit, Aktivität und Rückzug, Nähe und Distanz viel Raum. Gegenseitige Hilfe und Unterstützung ist in einem solchen Wohnprojekt selbstverständlich, aber es kommt darauf an, sich u. U. auch abgrenzen zu können und sich durch nachbarschaftliche Hilfe nicht überfordern zu lassen.

Senioren-WGs legen Wert auf Selbstorganisation und knüpfen an dem an, was alte Menschen können und nicht an dem, was sie nicht können. Die elf WG-Frauen bringen sich ihren Neigungen entsprechend freiwillig für Verantwortlichkeiten rund um Haus, Garten und Gemeinschaft ein. Sie treffen sich regelmäßig einmal in der Woche zu ihrer Vollversammlung und diskutieren gemeinschaftliche Belange. Und wenn jemand an seine Grenzen gekommen ist, entscheidet er selbst, ob, in welcher Form und in welchem Umfang er Hilfe braucht und in Anspruch nehmen möchte. Eine Kontaktadresse dieses Projektes finden Sie im Anhang.

Eine andere Alternative zum Altenheim stellt augenzwinkernd ein Reiseveranstalter für Kreuzfahrtreisen vor.[23] Nach Aufstellung ihrer Kostenrechnung, nach der das luxuriöseste Kreuzfahrtschiff billiger ist als ein Altenheim, ist die Entscheidung der eigenwilligen Seniorin gefallen: Ich gehe nie ins Altenheim! Mit diesem humorvollen Text wirbt der Veranstalter:

»Wenn ich einmal in später Zukunft alt und klapprig bin, werde ich bestimmt nicht ins Altersheim gehen, sondern auf ein Kreuzfahrtschiff. Die Gründe dafür hat mir unsere Gesundheitsministerin Ulla Schmidt geliefert: Die durchschnittlichen Kosten für ein Altersheim betragen 200 Euro pro Tag!

Ich habe eine Reservierung für das Kreuzfahrtschiff »AIDA« geprüft und muss für eine Langzeitreise als Rentner 135 Euro pro Tag zahlen. Nach Adam Riese bleiben mir dann noch 65 Euro pro Tag übrig. Die kann ich verwenden für Trinkgelder: 10 Euro pro Tag. Ich habe mindestens 10 freie Mahlzeiten, ich kann in eines der Bordrestaurants wackeln oder mir sogar das Essen vom Room-Service in meine Kabine bringen lassen. Das heißt, ich kann jeden Tag der Woche mein Essen im Bett einnehmen. Die »AIDA« hat drei Swimming-Pools, einen Fitnessraum, freie Benutzung von Waschmaschinen und Trockner, außerdem jeden Abend kostenlose Veranstaltungen oder Shows.

Es gibt auf dem Schiff kostenlos Zahnpasta, Seife und Shampoo. Frische Bettwäsche und Handtücher jeden Tag sind selbstverständlich, und ich muss nicht einmal darum bitten. Das Personal behandelt mich wie einen Kunden, nicht wie einen Patienten. Und für 5 Euro Trinkgeld extra pro Tag lesen mir die Stewards jeden Wunsch von den Augen ab. Alle 8–14 Tage lerne ich neue Leute an Bord kennen.

Fernseher defekt? Glühbirne kaputt? Die Matratze ist zu hart oder zu weich? Kein Problem, das Personal kümmert sich darum und bedankt sich für mein Verständnis.

Wenn ich im Altersheim falle und mir die Knochen breche,

dann komme ich ins Krankenhaus und muss täglich dick draufzahlen. Auf der AIDA bekomme ich für den Rest der Reise eine Suite und werde vom Bordarzt kostenlos behandelt.

Nun das Beste! Mit der AIDA kann ich nach Südamerika, Afrika, Australien, Japan, Asien reisen – wohin auch immer ich will. Im Altersheim mache ich vielleicht einmal im Monat einen Ausflug mit dem Bus und muss dafür noch zahlen.

Noch ein wichtiger Punkt: Auf der AIDA spare ich nach obiger Berechnung jeden Tag 50,– Euro und muss für meine Beerdigung keinen Cent zurücklegen. Mein letzter Wille: Werft mich über die Reeling – kostenlos!«

5. Freundschaften im Alter

Das Wesen der Freundschaft

Wenn Sie gefragt werden: »Haben Sie Freunde und wer ist Ihr bester Freund?«, dann könnten die Antworten lauten, wenn Sie ein Mann sind: »Mein bester Freund ist meine Frau und dann habe ich noch drei gute Freunde. Die kenne ich schon mehr als 50 Jahre.« Oder, wenn Sie eine Frau sind: »Meine beste Freundin ist Veronika, die kenne ich schon aus der Schulzeit.«

Ohne lange über das Wesen der Freundschaft nachdenken zu müssen, grenzen wir Freunde von Bekannten ab. Freunde sind etwas Besonderes, und darum haben wir in der Regel auch nur wenige. Manche Menschen müssen sich sogar eingestehen, keinen Freund zu haben. Es lohnt sich aber doch einmal, über das Besondere der Freundschaft nachzudenken. Freundschaft zeichnet sich durch folgende Eigenschaften aus:

- Sympathie als Voraussetzung
- Sie beruht auf Gegenseitigkeit und völliger Freiwilligkeit
- Übereinstimmung von Wertvorstellungen
- Toleranz und Akzeptanz der Andersartigkeit des anderen
- Zuverlässigkeit im Einstehen für den anderen
- Bereitschaft, dem anderen zu verzeihen, insbesondere seine Schwächen
- Freundschaft ist grundsätzlich von Dauer

In einer Freundschaft sollten sich Geben und Nehmen die Waage halten. Wenn eine Beziehung einseitig ist, kommt es dazu, dass man sich irgendwann, auch wenn man gern gibt, ausgenutzt fühlen kann. Freundschaft heißt aber auch da sein, Klagemauer sein, jemanden unterstützen, wenn es ihm nicht gut geht. Die Phasen, in denen man mehr gibt oder nimmt, können unterschiedlich sein.

In einer echten Freundschaft wird man das Andersartige als Bereicherung auffassen und nicht den Versuch unternehmen, den anderen verändern zu wollen. Mit dem Begriff Freundschaft verbinde ich unbedingt: Vertrauen, Respekt, Hilfsbereitschaft, Zuneigung, Ehrlichkeit, Geduld, Treue.

Auch gemeinsame Erlebnisse und Erfahrungen sind Teil der Freundschaft. Sie bilden den Schatz der Erinnerungen, auf denen sich (langfristige) Freundschaft gründet. Die Fähigkeit zuzuhören ist eine elementare Voraussetzung für eine Freundschaft. Darüber hinaus bedarf es zum Funktionieren einer Freundschaft einer feinen Wahrnehmung, einer offenen Kommunikation und einer gegenseitigen Wertschätzung.

Frauen- und Männerfreundschaften

Es gibt zahlreiche Untersuchungen, die herausgefunden haben, dass Frauenfreundschaften intimer sind als Männerfreundschaften. Frauen vertrauen sich mehr und Intimeres an, und für Frauen ist die Freundschaft insgesamt wichtiger. Gemeinsam aber ist das Wunschbild, das Männer und Frauen von Freundschaften haben: Sie wünschen sich eine Beziehung, in der man sich gegenseitig vertraut.

Im Gegensatz zu Männern, die sich dazu verabreden, um etwas miteinander zu unternehmen (z.B. Sport), tun sich Frauen in ihren Freundschaften zusammen, um miteinander zu sprechen. Sie teilen ihrer Freundin detailliert alles mit, in stundenlangen Telefongesprächen, und führen verständnisvolle, aufbauende Gespräche über Gott und die Welt, bei denen auch immer viel gelacht wird. Freundinnen sind da, wenn Frau sie braucht.

Frauen verstehen Freundinnen als jemanden, dem man vertrauen kann, den man nachts um 3 Uhr anrufen und um Hilfe bitten kann. Für Frauenfreundschaften sind Emotionalität, Wärme, Zärtlichkeit, Herzlichkeit, Zuneigung, gegenseitiges Verstehen und Intimität und Tiefe wichtig. Und welche Bedeutung Frauenfreundschaften haben, ist der Tatsache zu entnehmen, dass Frauenfreundschaften oft weit langlebiger sind als Liebesbeziehungen. Männer können kommen und gehen, Freundinnen bleiben.

Darüber hinaus bieten Frauenfreundschaften ein riesiges Potenzial: Sie helfen uns bei der persönlichen Entwicklung, sind eine Stütze in jeder Situation und machen das Leben einfach schöner.

Wenn es um Tod und Leben sich dreht,
zeigt sich's, wie es um die Freundschaft steht.
Reich und arm sind ein untrüglich Maß
wer dein Freund ist und auf wen Verlass.
Fällt in Ungnad', wer einst hoch geehrt,
merkt er schnell, was seine Freunde wert.
Aus China

Die Bedeutung von Freundschaften

»Freunde sind Engel, die uns wieder auf die Beine helfen, wenn unsere Flügel vergessen haben, wie man fliegt.«
Unbekannter Verfasser

Aus dem Wesen der Freundschaft, wie dieser Verfasser es beschrieb, kann man auch ihre Bedeutung ableiten. Aufgrund der langfristigen und unbedingten Verlässlichkeit des Freundes kann man mit Hilfe und Unterstützung bei kleinen oder großen Problemen des Alltags rechnen. Selbst in Krisen weiß man, an wen man sich wenden kann.

Außer einer gewissen mentalen Grundübereinstimmung, insbesondere der Überzeugung, dass man sich als Freunde fühlt, gibt es oft nicht viel Gemeinsames. Aber das ist wiederum eine Chance. Man lernt im Umgang mit dem Freund andere Sichtweisen, andere Gedankengänge kennen. In kontroversen Diskussionen erkennt man andere Facetten eines Problems. Auf diese Weise trägt eine Freundschaft auch zur eigenen Weiterentwicklung bei – manchmal spricht man in solchen Fällen auch von »sozialer Korrektur«. Jeder kennt nur seinen Weg. Ein Freund kann uns andere zeigen und darin liegt die Bereicherung.

Durch Freundschaften erfahren wir Anerkennung und Bestätigung. Die Anteilnahme, die wir schenken, wenn Hilfe und Trost gefragt sind, erhalten wir in Form positiver Gefühle zurück. Wir bekommen die Rückmeldung, dass wir liebenswerte Menschen sind, mit denen es sich lohnt, zusammen zu sein.

Aber auch Gemeinschaft und Geselligkeit gehören unbedingt zur Freundschaft dazu. Es gilt als gesicherte Erkenntnis, dass enge Freundschaften und Vertrauensverhältnisse die Lebenserwartung deutlich verbessern: Diejenigen, die über das stärkste Netzwerk von Freunden und Vertrauten verfügen, leben eindeutig länger und besser als diejenigen mit den wenigsten Freundschaften.

Mehr noch als die Familie sind die Freunde ein wichtiger Faktor für die emotionale und psychische Gesundheit. Die Gespräche und die fortwährende Interaktion mit Personen, denen man am Herzen liegt, wirken sich auch auf die Gesundheit positiv aus.[24] Der Gesundheitseffekt einer Freundschaft basiert vor allem auf der freiwilligen gegenseitigen Sorge, Unterstützung und Motivation zum Leben. All dies, so wird vermutet, reduziere aufkommende Gefühle von Niedergeschlagenheit oder Angst.

»Ein Freund, ein guter Freund, das ist das schönste, was es gibt auf der Welt«, so sang Heinz Rühmann 1930 in dem Film »Die Drei von der Tankstelle«. Freundschaft ist ein hoher Wert. Wer im Ernstfall auf Freunde zurückgreifen kann, kann sich glücklich schätzen. Doch nichts, was man nutzen will, bekommt man zum Nulltarif. Gute Freunde kann man nur dann haben, wenn man selbst einer ist.

Ein entscheidendes Kriterium für Freundschaft ist ihre Freiwilligkeit. Kontakte und Interaktionen laufen auf freiwilliger Basis ab, ein fester Rahmen ist nicht da, die Freunde müssen diese Beziehung selbst gestalten. Das erfordert eine sensible Wahrnehmung und einen ständigen Einsatz: Aktivitäten müssen beigesteuert werden, Beziehungsangebote gemacht und damit die Freundschaft gepflegt werden.

Der Verlust von Freundschaften im Alter

Sie, verehrte Leserin, verehrter Leser, werden jetzt vielleicht sagen: Klar, ich weiß auch, was eine beste Freundin ist und ein guter Freund. Mein Problem ist: Es ist um mich etwas stiller geworden! Das ist in Ihrem Lebensalter 60plus nichts Ungewöhnliches (vgl. im Kapitel 1: Die sozialen Folgen des Alterns in unserer Zeit).

Versuchen wir, uns bewusst zu machen, was da eigentlich passiert ist. Es ist sehr schmerzlich und wir können nichts dagegen machen, wenn unsere Freunde um uns herum aus dem Leben gerissen werden. Im schlimmsten Fall ist es die Ehefrau, von der viele Männer sagen, sie sei ihr bester Freund gewesen.

Zu einem Verlust von Freundschaften kann es aber auch kommen, wenn wir es zulassen, dass diese »einschlafen« oder »versanden« oder wegen eines mehr oder weniger ernst zu nehmenden Anlasses abrupt abgebrochen werden.

Freundschaften unterliegen Veränderungen. Aus besten Freundinnen können im Laufe der Zeit einfach Bekannte werden. Man selbst verändert sich ja auch und dann kann es sein, dass eine Freundschaft nicht mehr passt. Freundschaften werden gelegentlich auf einen schweren Prüfstand gestellt und nicht alle überstehen diese Prüfung. Die meisten Menschen sind tief enttäuscht und verletzt, wenn eine Freundschaft sich verändert. Man möchte den vorherigen Zustand konservieren. Das geht aber nicht. Am leichtesten gehen diejenigen damit um, die nehmen, was sie bekommen und geben, wozu sie imstande sind. Der Rest wird wie von selbst geregelt.

Marianne, 59 Jahre:

»Eine gute Freundin und ich, wir lernten uns zu Beginn des Studiums kennen: Gleicher Humor, gleiche Interessen und wir waren für viele Jahre unzertrennliche Freundinnen und Seelenverwandte. Anschließend sind wir völlig getrennte Wege gegan-

gen, haben uns zwischenzeitlich sogar zerstritten, weil sie einen Höhenflug bekam und ihr nichts und niemand mehr gut genug erschien. Ihr Leben funktionierte weder beruflich noch privat, sie hat zwar mittlerweile wieder einen Job, der macht ihr aber wenig Spaß und wird auch noch schlecht bezahlt, ihre Ehe ging auseinander und sie lebt heute allein mit ihrem Sohn zusammen. Als alles zusammenbrach, meldete sie sich wieder bei mir, entschuldigte sich auch für ihr Verhalten und war wieder ganz die Alte, wir haben uns ausgesprochen und verstehen uns auch wieder gut.

Nein, ich trage ihr nichts nach, denn wir machen alle Fehler und ich weiß um ihre Qualitäten, nur entwickeln wir uns alle weiter und das ist das Problem. Sie ist für mich immer noch so wie früher, aber ich sehe heute vieles anders, habe auch Freundinnen, die mir wichtiger sind und mit denen ich mich in den letzten Jahren gemeinsam weiterentwickelt habe. Meine beste Freundin von damals ist für mich heute eine gute Bekannte, mit der ich nicht mehr ständig etwas gemeinsam unternehmen will oder kann, weil mir die Zeit für andere Menschen wichtiger ist. Sie spürt das und weiß, dass mir andere Frauen mehr bedeuten. Sie kämpft irgendwie um mich, lädt mich ständig ein, ruft mich sehr häufig an, aber es nervt mich einfach! Wir haben heute telefoniert und ich habe gemerkt, wie ich nach einer halben Stunde einfach keine Lust mehr hatte und das Gespräch unter einem Vorwand beendet habe. Ich komme mir da wirklich mies vor, aber ich weiß einfach nicht weiter. Was soll ich ihr sagen? Diese Gespräche haben mir vor 10 Jahren gefallen, heute langweilen sie mich. Ich möchte den Kontakt zu ihr zwar nicht beenden, aber ich möchte ihn auch nicht mehr intensivieren.«

In der Phase des Älterwerdens vernachlässigen viele Menschen jahrelang bestehende Freundschaften. Dieses Phänomen hat Gründe:

Mit zunehmendem Alter stellen sich Veränderungen ein, die das Auseinanderdriften von Freundschaften begünstigen. Eigenarten verstärken sich, man wird bequemer, auf der anderen Seite wird alles beschwerlicher. Während man noch in jungen Jahren voller Elan war und auch Kontakte zu entfernt wohnenden Freunden mit viel Aufwand und stundenlangen Fahrten gehalten hat, ist man mit fortschreitendem Alter immer weniger dazu bereit. Alles macht mehr Mühe, ist anstrengender und jeder Besuch wird zu einer Anstrengung. Geistiger Abbau, schlechtes Hören und Sehen und beginnende Senilität machen die Freundschaften, die einst unterhaltsam, spannend und spritzig waren, zunehmend mühsam. Man kann immer weniger miteinander anfangen. Die Folge davon ist, dass man das Interesse am anderen verliert und belastende Freundschaften meidet.

Ein weiterer Punkt für den Verlust von Freundschaften ist eine zunehmende Asymmetrie in der Beziehung. Wenn Impulse, sich zu sehen oder etwas miteinander zu unternehmen, nur noch von einer Seite ausgehen und der andere nicht zeigt, dass ihm auch etwas an einer Begegnung liegt, erlischt allmählich das Interesse und damit die Grundlage für diese Freundschaft. Wer von seinen Freunden beispielsweise immer erwartet, dass sie Zeit und Mühe auf sich nehmen, um eine Begegnung zu ermöglichen, im Gegenzug selbst aber keinen Einsatz für Besuche und Begegnungen aufbringt, der signalisiert, dass er kein gleichwertiges Interesse am Fortbestehen einer Freundschaft hat.

Freundschaften leben von der Balance des Gebens und Nehmens (Symmetrie) und sie verlieren ihre Grundlage, wenn Bemühungen einseitig werden, immer der Gleiche anruft, sich zu Geburtstagen meldet oder die Frage nach einem Treffen stellt.

In diesem Fall muss man davon ausgehen, dass es dem anderen offenbar kein so großes Bedürfnis ist, gleichen Einsatz für eine Begegnung zu zeigen. Wenn Freundschaften gleichwertig sind und damit auch das Interesse aneinander, kommen Kontakte (Telefonate oder Besuche) wechselseitig zustande. Wahre Freunde lassen einander am Leben und an Entwicklungen teilhaben und das geht nicht, indem man sich einmal jährlich trifft und zum Geburtstag und zu Weihnachten anruft.

Ein weiteres Merkmal wahrer Freundschaft ist es, dass einem

etwas fehlt, wenn sich der andere über einen längeren Zeitraum nicht meldet. Denn wahre Freunde machen sich Sorgen, wenn man länger nichts voneinander gehört hat.

Herta, 65 Jahre:

»Ich habe in meinem Leben nur wenige Freundschaften gehabt, dafür aber sehr intensive. Die erste Freundin lernte ich im zarten Alter von vier Jahren kennen, wir saßen stundenlang auf den Treppenstufen des Mietshauses, in dem wir wohnten. Kein Wort sprachen wir damals, erst am nächsten Tag begann eine Freundschaft, die bis heute anhält. Mit ihr habe ich alle Höhen und Tiefen erlebt, die eine Freundschaft erleben konnte. Auch wenn wir heute nur wenig Kontakt zu einander haben, weiß ich, dass sie da ist, wenn ich sie brauchen sollte, genau wie ich sofort bei ihr wäre, wenn sie mich braucht. Sie ist im wahrsten Sinne des Wortes eine Freundin fürs Leben.

Die zweite lernte ich an meiner Arbeitsstelle kennen, sie ist um einiges jünger als ich und trotzdem war da sofort ein unsichtbares Band der Vertrautheit. Den Stellenwert der besten Freundin hat sie bei mir erreicht, so wie ich bei ihr. Auch wenn es unangenehm ist, legen wir großen Wert auf Ehrlichkeit. Denn verschiedene Ansichten und Meinungen haben wir beide auf jeden Fall, das mag an dem Altersunterschied liegen, was ich aber jetzt nicht so in den Vordergrund stelle. Was mich an dieser Freundschaft immer wieder fasziniert ist die Tatsache, dass wir uns streiten können wie die Kesselflicker und trotzdem immer wieder einen Weg finden, Konflikte in Ruhe zu lösen. Wir sind beide Dickköpfe und auch sehr impulsiv, das macht diese Freundschaft nicht gerade leichter, aber anscheinend für uns beide umso spannender. Nein, diese Freundin möchte ich nun wirklich niemals missen!

Die dritte lernte ich in einem Internetportal kennen. Sie gab in einem Artikel ihre Meinung zu erkennen, was mich zutiefst beeindruckte. Wir erfuhren jede Menge voneinander durch Mails und dann durch Telefonate, die wir sehr oft führten. Als wir uns trafen, war die Freundschaft in meinen Augen perfekt. Sie ist ehrlich und offen, aber auch sehr hart in ihren Urteilen, was mir gefällt, denn nur dadurch kann man die Belastbarkeit einer Freundschaft testen und Grenzen erkennen. Sie ist für mich wichtig geworden in meinem Leben und es wäre für mich ein großer Verlust, wenn es sie und diese Freundschaft nicht mehr gäbe.«

Freundschaften verpflichten und fordern, setzen Verständnis und Vertrauen voraus und erfordern Einsatz. Was eine Freundschaft wert ist und wie schwer es sein kann, ein echter Freund zu sein, zeigen Krisenzeiten im Leben. Freunde sind Menschen, auf die man sich vorbehaltlos verlassen kann und die einem die »ungeschminkte Wahrheit« sagen. Echte Freundschaft ist ein kostbares und seltenes Geschenk, zerbrechlicher als Glas und – wenn man sie nicht pflegt und etwas dafür tut, kann sie einem aus den Händen fließen wie Wasser. Verlorene Freundschaften schmerzen und ein Bruch lässt sich nicht leimen. Nach schweren Enttäuschungen bleibt immer eine Narbe zurück, die das zu verhindern weiß.

Eine Seminarteilnehmerin äußerte sich über den Verlust einer langen Freundschaft so:

»Ich habe eine Schulfreundin, mit der mich eine jahrzehntelange Freundschaft verband, die mir viel bedeutet hat. Wir haben zusammen studiert, wir haben im gleichen Jahr unser erstes Kind bekommen. Wir haben oft telefoniert, uns Briefe geschrieben, uns auch immer wieder besucht – trotz aller beruflichen und familiären Belastungen, die wir beide hatten.

In den letzten Jahren hat sie einiges mitgemacht: Sie hat sich von ihrem Mann getrennt und später ihre Arbeit verloren und seitdem auch geistig stark abgebaut. Nun ist sie auch noch zurück in ihre Heimat nach Hesse gezogen. Sie hat zwar immer gesagt: ›Wir bleiben in Verbindung‹ – aber irgendwie ist es schwieriger geworden. Ich weiß nicht mehr viel von ihr, die alte Vertrautheit ist weg.

Sie hat sich sehr verändert, in sich zurückgezogen, ich kann sie nicht mehr richtig erreichen und doch fehlt sie mir. Die letzten Gespräche und Begegnungen waren sehr belastend für mich, denn meine Freundin benutzte mich permanent als Klagemauer, ohne ein einziges Mal nach mir zu fragen. Immer nur beklagt sie sich über ihr Leben, dass ihr alles zuviel ist und dass sie nicht mehr kann. Obwohl wir gleichaltrig sind, kommt sie mir vor wie eine alte Frau, der alles zu anstrengend ist. Vielleicht bin ich es auch? Manchmal denke ich, dass sie professionelle Hilfe braucht. Aber immer, wenn ich den zaghaften Versuch unternehme, sie auf Hilfen aufmerksam zu machen, blockt sie ab, indem sie sagt: ›Du kannst gut reden, ich brauche keine klugen Ratschläge.‹ Einerseits fehlt mir ihre Freundschaft sehr, andererseits weiß ich, dass Freundschaft auf Gleichwertigkeit angelegt sein muss und das ist schon seit Langem nicht mehr gegeben. Wenn ich gelegentlich mit ihr telefoniere, habe ich immer ein schlechtes Gewissen, weil es ihr schlecht und mir gut geht. Immer öfter frage ich mich, ob ich diese Freundschaft nicht beenden soll. Ein klares Ende ist doch besser als das Aufrechterhalten einer Illusion. Ich kann diese Veränderung immer noch nicht fassen.«

Dieses Beispiel macht deutlich: Freundschaften verändern sich über die gemeinsamen Strecken eines Lebens. Sie wachsen, sie haben ihre fruchtbareren und unfruchtbareren Jahre. Ich glaube auch nicht, dass man jede Beziehung mit aller Gewalt über die Jahre hinziehen muss.

Selbst in engen Freundschaften und harmonischen Beziehungen kommt es hin und wieder zu Meinungsverschiedenheiten. Zoff mit der besten Freundin ist sehr belastend und ganz anders als ein Streit mit irgendwem, denn wenn es zwischen besten Freundinnen zum Streit kommt, ist meistens etwas Gravierendes passiert.

Freundschaften sind an sich nichts Beständiges, sondern unterliegen – wie Menschen selbst – ständigen Veränderungen. Freundschaften benötigen ebenso wie Liebesbeziehungen ständige Beziehungspflege.

Freundschaft und Trennung

Eine besondere Fragestellung im Hinblick auf Freundschaft ergibt sich häufig für Geschiedene. Erst geschieden, dann Freunde! Geht das? Eine Liebe ist zu Ende. Nach einer Zeit voller Aggressionen gegeneinander hat sich ein Paar getrennt. Eine Zeit lang herrscht vielleicht Funkstille oder nur ein sehr reduzierter Kontakt. Der eine Partner ist vielleicht längst wieder glücklich mit einer neuen Liebe, der andere ist glücklich mit seinem neuen Leben. Und trotzdem vermisst man plötzlich viele Gemeinsamkeiten aus dem alten Leben, der alten Beziehung. Man möchte mit dem früheren Partner nur befreundet sein. Aber geht das überhaupt?

Theoretisch kann aus jeder großen Liebe einmal eine gute Freundschaft werden – es sei denn, man hat seine Gefühle während der Trennung so sehr verletzt, dass es nicht mehr rückgängig zu machen ist. In allen anderen Fällen sollte es möglich sein – natürlich nur, wenn beide Partner es wollen –, eine freundschaftliche Beziehung aufzubauen. Wichtig ist dabei: Es ist nicht die Frage, ob eine Freundschaft möglich ist, sondern es ist die Frage wann. Und da liegt die Schwierigkeit. Es ist äußerst selten, dass beide Partner zur selben Zeit den nötigen Abstand zueinander haben, der es ihnen ermöglicht, wirklich nur freundschaftliche Gefühle zu entwickeln. Beide Partner brauchen Zeit, denn Trennung ist immer ein langwieriger und schmerzhafter Prozess. Aber es hilft, wenn man die einzelnen Phasen der Bewältigung kennt.

Einer äußerlichen Trennung geht immer ein innerer Trennungsprozess voraus. Vieles an Ängsten wird schon in diesem Prozess unbewusst oder bewusst verarbeitet und in Gedanken durchlebt. Trotzdem ist die reale Trennung für viele Menschen ein ungeheuerlicher Schock. Sie fallen in ein tiefes Loch, aus dem sie sich nur langsam und mühsam befreien können. Manchmal braucht man in dieser Situation sogar professionelle Hilfe, weil die Bewältigung allein nicht gelingt und der Schockzustand unzumutbar lange anhält.

Es gibt Gründe, die einer guten Freundschaft nach einer Trennung zunächst im Wege stehen: Wenn beide Partner noch keine neue Verbindung eingegangen sind, ist es schwierig, unverbindlich aufeinander zuzugehen. Unbewusst kann bei einem der Partner, der mit der Trennungsbewältigung noch nicht so weit ist, wieder Hoffnung auf einen Neuanfang aufkeimen. Und damit verlängert sich der Loslösungsprozess. Schwierig ist es auch, wenn einer der Partner wieder gebunden ist. Das Glück des neu Verliebten kann den anderen stark verletzen, weil es kein gemeinsames Glück mehr ist. Freundschaft ist auch nicht möglich, wenn der eine nur Lückenbüßer sein soll, bis ein neuer Partner in Sicht ist. Das ist verletzend und hat nichts mit Freundschaft zu tun. Eine wirkliche Freundschaft ist erst möglich, wenn die Vergangenheit wirklich abgeschlossen ist.

Über die Schwierigkeiten, Freunde im Alter zu finden

Wenn man nach und nach Freunde verliert, liegt der Ratschlag nahe, sich neue zu suchen. Aber neue Freundschaften im vorgerückten Alter zu schließen, ist schwierig (vgl. im Kapitel 1: Die sozialen Folgen des Alterns in unserer Zeit). Ich habe immer wieder bestätigt bekommen, dass die »eigentlichen« Freundschaften aus der Schulzeit stammten. Wie ist das zu erklären?

Wenn man einen Mitschüler, eine Mitschülerin vom 16. bis zum 19. Lebensjahr täglich gesehen hat, dann kennt man diesen Menschen, denn gerade in diesen Jahren bildet sich die Persönlichkeit aus und das wird in der Klasse gegenseitig emotional wahrgenommen.

Die Klasse meines Mannes trifft sich jährlich seit dem Abitur zum Klassentreffen. Auch wenn nicht jeder aus der Klasse jedes Jahr dabei ist, ist es doch faszinierend, dass man sich heute, nach fast 50 Jahren und sehr unterschiedlichen, individuellen Lebensläufen so gut versteht, als hätte man gestern noch auf der Schulbank gesessen. Offensichtlich hat man sich in seiner Persönlichkeit seither nicht mehr grundlegend verändert. Interessant ist auch, dass es für die gegenseitige Sympathie vollkommen egal ist, ob einer es bis zum Vorstandsvorsitz in einer AG gebracht hat oder »nur« zum Forstbeamten.

Wann bekommen wir aber später im Leben noch einmal die Chance – abgesehen von einem Lebenspartner –, einen Menschen so genau kennenzulernen? Manchmal ergeben sich neue Freundschaften schicksalhaft, durch eine zufällige Begegnung in einer Kur oder während eines Krankenhausaufenthaltes.

Eine Krankenhaus-Schicksalsgemeinschaft kann viel zu einer schnellen Genesung beitragen. Zunächst ist wohl jeder bei der Einlieferung ins Krankenhaus skeptisch, mit wem er wohl sein Zimmer und einen Teil seiner Intimität wird teilen müssen. Gerade für allein lebende Menschen ist es ein Graus, sich vorzustellen, mit einem wildfremden Menschen so ungewohnt und ungewollt viel Nähe zu haben. Wohl jeder kennt den ersten Gedanken an ein Einzelzimmer, um sich der Anpassung zu entziehen. Für die meisten Menschen ist ein Klinikaufenthalt schon angstauslösend genug. Da will man sich nicht noch mit dem Leid anderer belasten und sich Lebensgeschichten völlig fremder Menschen anhören.

Hildegunde, 69 Jahre:
»Als ich im Krankenhaus mein Zimmer zugewiesen bekam, hatte ich zuvor doch ein außergewöhnliches Herzklopfen. Wie würde sie sein, meine Bettnachbarin? Alt oder jung oder vielleicht sogar in meinem Alter? Als ich das Zimmer betrat, bin ich dann doch ganz schnell mit meiner Zimmergenossin ins Gespräch gekommen. Sie, die nun schon wochenlang im Krankenhaus lag, hat mir erzählt, wie der Krankenhausbetrieb funktioniert, welcher Arzt bei der Visite super sei und vor welcher Schwester man sich hüten müsse. Irgendwann war es dann auch so weit für den privaten Bereich. Man tauschte sich aus, wegen welcher ›Geschichten‹ man zur Behandlung im Krankenhaus sei. Irgendwann begann meine Bettnachbarin zu erzählen, dass sie eine Katze hat, die sie sehr liebt, und schon hatten wir ein gemeinsames Thema. Allein die lustigen Anekdoten über die süßen, manchmal aber biestigen Stubentiger hätten uns schon Gesprächsstoff für Wochen geliefert. Stundenlang haben wir gemeinsam ferngesehen und an den gleichen Stellen Herz, Schmerz und Tränen herausgelassen. Auch das hat uns einander näher gebracht, die unvorstellbare Realität, zwei Frauen heulend vor der Glotze.

Es gab natürlich auch Anlässe, bei denen richtig geweint wurde. Wechselseitig haben wir uns dann getröstet, wenn der angesagte Besuch der einen oder anderen aus verschiedensten Gründen geplatzt ist und verschoben werden musste. Wir haben uns, wo wir nur konnten, gegenseitig geholfen. Was meine Bett-

nachbarin wegen ihres komplizierten Bruchs am Arm nicht konnte, erledigte ich für sie, was ich wegen meines gebrochenen Sprunggelenks nicht konnte, übernahm sie für mich. Aus uns wurde eine regelrecht verschworene Schicksalsgemeinschaft. Ein besonderes Glück war es, auf einen Menschen zu treffen, der den gleichen Humor hatte wie ich und immer zu neuen Streichen aufgelegt war. Wie oft wir uns Witze erzählt und Tränen gelacht haben! Spannend war es auch, das familiäre und freundschaftliche Umfeld meiner Krankenhausfreundin kennenzulernen. Viele von denen, die kamen, kannte ich schon vom Erzählen, andere dagegen lernte ich in natura kennen. Eines Tages kam die alte Mutter meiner Bettnachbarin zu Besuch. So wie die das Personal angetrieben hat, hat sie bestimmt auch zu Hause das Regiment geführt. Beeindruckt hat mich auch die nette Tochter meiner Schicksalsgenossin, die ihre Mutter sehr oft besucht hat und ihr auch sehr ähnlich sah. Im Gegenzug hat meine Bettnachbarin auch meinen Mann kennengelernt und mitbekommen, dass er sehr schlecht allein sein kann und sich dann sehr einsam und hilflos fühlt. Ihr habe ich auch erzählt, dass mich gerade diese Eigenschaft manchmal nervt und ich weiß, dass dieses Geheimnis bei ihr ›unter der Decke bleibt‹.

Ja, es war herrlich, mit meiner ›Freundin auf Zeit‹ zu flachsen oder zu überlegen, was wir anstellen, wenn wir uns endlich wieder schick machen können: Zum Friseur gehen, einen neuen Lippenstift kaufen, neue Schuhe ansehen. Manchmal kam ich mir schon etwas verwahrlost und unweiblich vor, so ganz ›naturbelassen‹, ohne Kosmetik, ohne Schmuck und mit ungewaschenen, ungestylten Haaren. Ich habe die Erfahrung gemacht, dass man sich dann sehr viel älter fühlt, als man eigentlich ist. Und das hebt auch nicht gerade die Stimmung! Aber es gibt ja Schlimmeres und so konnten wir uns gegenseitig immer wieder aufbauen. Im absoluten Stimmungstief redeten wir immer von unseren Urlauben und stellten dabei fest, dass wir auf Teneriffa im gleichen Hotel waren. Das gab natürlich wieder eine ganze Menge Gesprächsstoff, natürlich auch unsere zukünftigen Urlaubspläne.

Die damit verbundene Vorfreude hat uns über manche triste Stunde hinweggeholfen.

Ja, es ist schon erstaunlich, dass ein wildfremder Mensch nun so viel von mir weiß, obwohl ich nicht der Typ bin, der sein Herz auf der Zunge trägt. Umgekehrt weiß ich ganz viele Dinge aus dem Leben meiner Zimmermitbewohnerin. Wenn man Stunde für Stunde, Tag und Nacht so eng beieinander liegt und die Ängste und Hoffnungen eines anderen ganz unmittelbar miterlebt, kann man einfach nicht unbeteiligt bleiben. Dann fällt es auch leichter, offen zu reden und Dinge auszusprechen, die man sonst für sich behalten hätte. Es hat mit gut getan, in so einer Situation eine liebe Ansprechpartnerin gehabt zu haben. Eine Freundschaft ist entstanden, in einem Moment, in dem ich überhaupt nicht damit gerechnet hatte. Vielleicht bleibt uns diese Verbundenheit ja erhalten? Es würde mich freuen.«

Vielleicht, werden Sie sagen, aber nach aller Erfahrung wird man sich meist nicht wiedersehen. Es gibt natürlich auch Beispiele, die zeigen, dass es durchaus zu einer lang anhaltenden Freundschaft kommen kann.

In einer Kur am Tegernsee lernte ich die bereits erwähnte 40 Jahre ältere Frau kennen. Daraus entwickelte sich eine späte, aber intensive Freundschaft mit unendlich viel Nähe und Tiefgang. Von meiner »alten Freundin« habe ich gelernt, dass Freundschaft keine Frage des Alters, sondern die Folge von Ausstrahlung und Attraktivität ist. Obwohl sie damals schon durch Runzeln und Falten gezeichnet war, hatte sie Temperament und Esprit, Humor und zeigte damit allen anderen, dass sie noch Lust am Leben hatte. Sie war eine tolle Frau, die gern lachte, sich für alles interessierte und Empathie anderen gegenüber zeigte. Damit zog sie auch sehr viele jüngere Menschen an.

Bis zu ihrem Tod verband uns eine 12-jährige, wunderbare Freundschaft. Ihr Tod war ein großer Verlust für mich. Wir lernten viel voneinander und vor allem lernte ich von ihr, wie es ist, wenn man immer häufiger mit Trauerrandbriefen konfrontiert wird, weil sich mit der Zeit ein Freund nach dem anderen für immer verabschiedet.

Wer dann keine eigenen Kontakte und Netzwerke hat, läuft Gefahr, einsam und depressiv zu werden. Immer mehr alte Menschen klagen darüber, trotz vieler Bemühungen keine Freunde zu finden. Wo liegt das Problem? Bei demjenigen, der Freunde sucht, aber keine findet oder bei den anderen, die eine Freundschaft verweigern? Sind vielleicht die Ansprüche zu hoch?

In der Tat ist es so, dass man im reiferen Alter weniger Freundschaften schließt als in der Jugend und dass die besten und stabilsten Freundschaften immer noch diejenigen sind, die jahrzehntelange Bewährungszeit hatten. Wenn es auch schwerer ist, Kontakte herzustellen, unmöglich ist es nicht. Dass es im vorgerückten Alter schwieriger wird, Freunde zu finden, hat auch mit einem selbst zu tun. Man ist nämlich nicht mehr bereit, Kompromisse einzugehen und sich anzupassen. Man wird wählerischer und weniger anpassungsfähig. Man bleibt lieber für sich allein, als sich mit jemandem zusammenzuraufen. Auf der einen Seite leidet man an dem Verlust eines Freundes durch Tod, auf der anderen Seite wird klar, dass diese Lücke nicht mehr »gleichwertig« geschlossen werden kann, weil wir anspruchsvoller geworden sind und neuen Freunden nicht mehr so viel nachsehen wie den Freunden, die mit uns durchs Leben, durch dick und dünn gegangen sind.

Besonders schwer, neue Kontakte und Freundschaften zu finden, haben es Frauen, die entweder verwitwet sind oder wegen einer jüngeren Frau von ihrem Ehemann verlassen wurden. Der alte Freundeskreis betrachtet eine alleinstehende Frau als potenzielle Gefahr und manch eine hat feststellen müssen, dass sie nur noch zu Kaffeekränzchen mit Damen eingeladen wurde und nicht mehr zu Veranstaltungen, zu denen man »komplett«, also zu zweit, kommt. Viele solcher enttäuschten Frauen finden sich in meinen Seminaren, in der Hoffnung, dort Gleichgesinnte zu finden, mit denen man etwas Neues aufbauen kann.

Beim Studium des Wochenendteils der Zeitungen fällt mir regelmäßig auf, dass nicht nur jede Menge Kontaktanzeigen zur Partnersuche geschaltet werden, sondern auch sehr viele, mit dem Ziel, »lediglich« Freunde zu finden. Und auch in meinen Seminaren treffen sich Menschen aller Altersgruppen, die erfahren möchten: »Neue Menschen kennenlernen, wie macht man das?«

Eine Frau, 61 Jahre, berichtet mir Folgendes:

»Ich bin 61, fühle mich im besten Alter, habe einen interessanten, hochdotierten Job, lebe allein, aber es gelingt mir einfach nicht, Freundschaften zu schließen. Dabei unternehme ich sehr viel, gehe häufig in Konzerte, zur Volkshochschule, scheue mich nicht, allein in ein Restaurant oder zu Festen zu gehen. Doch was und wie viel ich auch unternehme, es gelingt mir einfach nicht, eine gleich gesinnte Freundin zu finden. Immer allein unterwegs zu sein, ist öde und macht keinen richtigen Spaß. Ich habe auch schon Freundschaftsanzeigen aufgegeben, aber die Resonanz war gleich null. Meist blieb es bei einem einmaligen Treffen. Wenn ich nachfragte, hieß es: ›Ich habe inzwischen einen Freund‹, ›Wir passen nicht zueinander‹, ›Ich arbeite viel und habe keine Zeit‹. Irgendwann habe ich mir dann selbst die Frage gestellt: Woran kann es nur liegen, dass ich es einfach nicht schaffe, nette Freunde zu gewinnen?«

Ich habe sie folgendermaßen beraten:

Freundschaften entstehen nicht über Nacht, sondern brauchen Zeit, Sympathie und Interesse aneinander, gemeinsame Erfahrungen und Erlebnisse. Freundschaften entstehen vorzugsweise in bestimmten Lebensphasen: In der Schulzeit, in Jugend- oder Sportgruppen, beim Studium oder bei der Berufsausbildung. Um Freundschaften handelt es sich immer dann, wenn Menschen spüren, dass sie einander mehr sagen möchten und auch mehr füreinander empfinden, als es bei einer bloßen Bekanntschaft der Fall ist. Freundschaft beinhaltet, einander am Leben teilhaben zu lassen. Sie ist ein Geschenk, das einem oft unerwartet zufällt. Erzwingen kann man sie nicht. Wenn andere Menschen nämlich spüren, dass man mit Gewalt etwas will, wozu der andere nicht bereit ist, sperren sie sich. Wenn nur der Eindruck entsteht, man wolle sie vereinnahmen, gehen sie auf Distanz.

Sie spüren auch, wenn man dringend Kontakt und Austausch sucht. Und gerade das veranlasst sie, das Weite zu suchen, weil niemand das große Bedürfnis des Suchenden nach Nähe dauerhaft erfüllen kann. Der Wunsch nach Freundschaften – vor allem, wenn man Schwierigkeiten hat, eine Freundschaft zu finden – ist verständlich. Dennoch sollte jeder in einer derartigen »Notsituation« sich dazu zwingen, Zurückhaltung zu üben oder nur dadurch Freunde zu gewinnen versuchen, indem er selbst einer ist.

Beherzigen Sie die folgenden Tipps:

- Unternehmen Sie nicht mehr nur deshalb etwas, weil Sie dort jemanden kennenlernen könnten.
- Konzentrieren Sie sich auf das, was Ihnen Freude macht, was Sie schon lange lernen wollten oder womit Sie sich gern beschäftigen.
- Wenn Sie etwas tun, was Ihnen Spaß macht, strahlen Sie Freude aus und werden dadurch anziehender für andere Menschen.
- Werden Sie zunächst einmal selbst Ihre beste Freundin.
- Gönnen Sie sich alles, was Sie für eine Freundin auch tun würden und üben Sie an sich selbst vor allem das Geben, was für eine Freundschaft wesentlich ist. So ein Verwöhnprogramm wird Ihnen gut tun und Ihnen eine positive Ausstrahlung bescheren. Und Tatsache ist: Menschen mit positiver Ausstrahlung werden wesentlich häufiger angesprochen.
- Wenn Sie an sich selbst arbeiten, um für andere attraktiv zu werden, gelingen Kontakte leichter, und aus einer belanglosen Bekanntschaft kann sich bei gegenseitiger Sympathie und entsprechendem Interesse am anderen allmählich eine Freundschaft entwickeln.
- Hilfreich und empfehlenswert sind auch Kurse, Seminare und Gruppen, in denen Sie Selbstwahrnehmung und Selbsterfah-

rung erlernen können. Sie können unter professioneller Anleitung entdecken, wie Ihre Art, auf andere zuzugehen, von Ihren Mitmenschen wahrgenommen wird, und dann Ihr Verhalten ändern.

Und das wünscht sich eine Seminarteilnehmerin:

Freundschaft, so wie ich sie mir wünsche

- einander Zeit schenken,
- zuhören, ohne zu verurteilen,
- einander an die Stärken erinnern,
- helfen, Kränkungen zu überwinden,
- die Wahrheit sagen, wenn sie hilfreich ist,
- mir mit deinem Lächeln zeigen, dass ich mich sicher fühlen kann,
- sich entschuldigen können, wenn wir uns verletzt haben,
- sich nicht missbrauchen,
- einander Schutz gewähren,
- sich ermutigen, Stärken zu zeigen,
- Tränen zulassen,
- sich ermutigen, die Wahrheit zu sagen
- und zugeben können, wenn man Angst hat.

Wie man Freundschaften erhält

So beruhigend es ist, zu wissen, dass wir alle im Durchschnitt länger leben, so wenig ist für den Einzelnen darauf Verlass. Auch Sie haben vielleicht schon die bittere Erfahrung machen müssen, dass einer Ihrer guten Freunde »vorzeitig« (es ist für uns immer vorzeitig!) aus dem Leben geschieden ist. Mein Mann hat z. B. einen sehr guten Freund verloren, der ein außergewöhnlicher Mensch gewesen ist. Er hatte Charisma, er zog die Menschen an und er war so aktiv, dass man den Eindruck haben konnte, er lebe mehrere Leben. Mit meinem Mann spielte er regelmäßig Kammermusik. Und dann war es in wenigen Wochen aus. Diagnose: fortgeschrittenes Sarcom, eine Tumorerkrankung. Er wurde noch nicht einmal 52 Jahre. Seine Witwe ist häufig bei uns zu Besuch und jedes Mal sprechen wir von ihm.

Beziehungspflege

Angesichts der Tatsache, dass man im fortgeschrittenen Alter Freunde durch Krankheit (z. B. Demenz) oder Tod verliert und diese Lücke nicht mehr »gleichwertig« geschlossen werden kann, sollten wir vielleicht sorgsamer mit den Freunden umgehen, die uns bereits durchs Leben, durch dick und dünn, begleitet haben. Das heißt, wenn wir im Alter nicht ganz allein sein wollen, sollten wir darauf achten, nicht auch noch Freundschaften einschlafen zu lassen oder wegen mehr oder weniger nichtiger Anlässe abzubrechen.

Wir sind aufgefordert, etwas für unsere Freundschaften zu tun. Freundschaften sind zwischenmenschliche Beziehungen, die es nicht zum Nulltarif gibt und die gepflegt werden müssen, denn eine Freundschaft ist wie jede Beziehung auch mit Einsatz verbunden.

Voraussetzung für gute Freundschaften sind Interesse füreinander und Zeit. Selbstverständlich sollte es für gute Freunde sein, dass man einander besonders in schlechten Zeiten beisteht und füreinander da ist, wenn auch vielleicht nur in Form einer »Klagemauer«. Viele Menschen beurteilen eine Freundschaft danach, wie sie sich in schwierigen Zeiten gestaltet und ob die »Nagelprobe« gelingt, dass man sich immer aufeinander verlassen kann.

»Hege Freundschaft wie eine Blume, dann wächst und gedeiht sie und Du hast lange Freude daran.«
Unbekannter Verfasser

Eine Belastung und zugleich Herausforderung für die Beziehungspflege stellt jede Art von innerer oder äußerer Veränderung des Gewohnten dar:

Beispiel 1: Ortswechsel

Hatte man bisher die Möglichkeit, den Freund vielleicht zweimal in der Woche zu sehen, weil er im gleichen Ort wohnte wie man selbst, so reduzieren sich bei einem Wegzug in eine mehrere hundert Kilometer entfernte Stadt diese Besuche erheblich. Man besucht sich dann vielleicht nur noch einmal im Jahr und selbst dieser Aufwand kostet in fortschreitendem Alter Überwindung.

Beispiel 2: Enkelkinder

Ihre beste Freundin ist Oma geworden. Die Enkelkinder sind zum Mittelpunkt ihres Lebens geworden. Sie fordern ihren ganzen Einsatz. Indem sie sich um die Enkelkinder kümmert, unterstützt sie ihre Kinder, die beide berufstätig sind.

In beiden Fällen besteht die Gefahr, dass die Freundschaft einschläft. Dagegen hilft nur ganz bewusste, überlegte Beziehungspflege: Durch regelmäßige Telefonate und E-Mails, z. B. einmal in der Woche oder alle 14 Tage und langfristig verabredete Besuche, lässt es sich erreichen, dass man am gegenseitigen Leben noch Anteil hat und so die Beziehung am Leben hält. Zwar übersteht eine Freundschaft, besonders, wenn sie aus der Jugendzeit stammt, manche Durststrecke, aber die zeitlichen Abstände der Kontakte dürfen nicht zu groß werden. Wenn nötig, muss man den Freund auch auf das »Gebot der Symmetrie« hinweisen.

Beispiel 3: Grenzen

Natürlich ist es anstrengend, vier Stunden im Zug oder fünf Stunden im Auto zu fahren, um den anderen zu besuchen. Aber deshalb immer zu fordern, dass der andere doch kommen solle, führt zu einer Asymmetrie der Bemühungen beider um ihre Freundschaft. Hört man immer seltener von jemandem, erübrigen sich bohrende Nachfragen. Leider kann man Freundschaft nicht mit Zwang am Leben halten. Interesse kann man nicht einfordern und für schwindendes Interesse braucht sich keiner zu rechtfertigen. Auch die bestgemeinte Beziehungspflege kann an ihre Grenzen stoßen.

Hier noch einige Tipps für die Beziehungspflege

- Eine ganz wichtige Sache der Beziehungspflege unter Freunden ist Zeit. Freundschaft kostet Zeit und sehr positiv wirkt es sich aus, wenn man seinen Freunden das Wertvollste, das man besitzt, schenkt.
- Beziehungspflege beinhaltet auch, jederzeit füreinander da zu sein, einander voll zu vertrauen, loyal zueinander zu stehen und nicht zuletzt, miteinander Spaß haben zu können. Schöne gemeinsame Erinnerungen sind auch für eine Freundschaft wichtig.
- Besonders dann, wenn das Leben hektisch ist und man mehr mit sich selbst beschäftigt ist, sollte man Freunden sagen, wie

viel Ihnen die Freundschaft bedeutet. Wenn Sie Freunde schon lange nicht mehr angerufen haben, dann lassen Sie sie wissen, dass Sie immer noch wichtig für Sie sind und dass Sie einfach sehr beschäftigt waren.

- Freundschaft ist die Kunst der Aufmerksamkeit. Dem anderen Raum zu geben, bedeutet aufmerksam zu sein, an ihm und seinem Leben Anteil zu nehmen und bei der nächsten Begegnung noch zu wissen, was den anderen beschäftigt hat.

Beziehungsabbruch und Versöhnung

Die Schwierigkeiten, die wir häufig mit Freunden haben, resultieren aus einem Gemisch aus Illusionen und überhöhten Erwartungen. Freunde sind aber Menschen und keine Heilige. Deshalb passieren auch immer mal Dinge, die den anderen ärgern oder enttäuschen. Manchmal verletzen Freunde einander auch, oft sogar, ohne es zu wollen.

Von einem Freund hintergangen zu werden, ist für die meisten Betroffenen ein traumatisches Erlebnis. Vertrauensbrüche werfen schwierige Fragen auf: Wie konnte er mir das antun? Wie konnte ich mich in ihr so irren? Bin ich zu naiv? Wird mir das wieder passieren?

Um Freunde trotz Konflikten nicht zu verlieren, ist es wichtig, sich zeitlebens im Verzeihen zu üben. Allerdings gehört schon Mut dazu, denen, die einen verletzt haben, versöhnlich die Hand zum Frieden zu reichen. Es ist aber auch ein Zeichen wahrhaft christlichen Lebens. Wir erfahren immer wieder die Vergebung unserer Schuld und sind dadurch auch verpflichtet, anderen die Chance zu einem Neuanfang zu geben.

Die Realität unter Menschen sieht leider anders aus. Die Zahl derer ist nicht gering, die sich rühmen, erlittene Beleidigungen niemals zu vergessen und zu verzeihen. Lieber brechen sie lange Freundschaften ab als dem anderen zu verzeihen. Viele glauben sogar noch, ihren Groll und Unversöhnlichkeit aufrechtzuerhalten sei seelische Stärke und Charakterfestigkeit. Dabei bedenken sie aber nicht, dass sie sich mit negativen Gedanken und Gefühlen und mit dem Aufrechterhalten eines »Feindbildes« ihr Leben selbst vergällen.

Vielfach erlebe ich Seminarteilnehmer, die ihre Enttäuschung über Freunde beklagen: »Die ist ein für alle Mal für mich gestorben. Ich wünsche ihr die Pest an den Hals!«

Wer mit einer so starren, unversöhnlichen Haltung durchs Leben geht, kann seines Lebens nicht mehr froh werden. Dauerfrieden und Dauerharmonie ist selbst unter Freunden nicht immer möglich. Oft müssen Belastungsproben die Tragfähigkeit einer Freundschaft beweisen. Nach einer Auseinandersetzung unter Freunden mit anschließender Versöhnung müssen Freunde unter das Ganze einen Strich ziehen können, sonst stirbt mit der Zeit jede freundschaftliche Zuwendung. Ein Neuanfang ist nur dann möglich, wenn Freunde bereit sind, alles dafür zu tun, damit eine Kränkung oder Enttäuschung überbrückt werden kann. Verzeihen kann auch die Einsicht fordern, dass wir selbst vielleicht nicht ganz unschuldig am entstandenen Zerwürfnis sind. Dies ist vielleicht der schwierigste Schritt, der Ehrlichkeit mit sich selbst voraussetzt.

Von einer Versöhnung profitiert nicht nur der, dem verziehen wird, sondern immer auch der, der verzeiht, denn er bekommt seinen inneren Frieden zurück und manchmal auch eine Freundschaft. Und sollten auch Sie noch mit einem Freund eine Rechnung offen haben, dann halten Sie sich an die Weisheit von Heinrich Waggerl:

»Wer verurteilt, kann irren, wer verzeiht, irrt nie«

Manchmal dauert es Jahre, ehe man bereit ist, »reinen Tisch« zu machen. Da spürt man plötzlich den Drang, die alte Freundschaft wieder aufzunehmen.

Natürlich kann es sein, dass man sich dabei einen Korb holt. In jedem Fall sollte man bei einem Neuanfang vorsichtig da anknüpfen, wo man aufgehört hat. Das kann bedeuten, dass man das Fehlverhalten des anderen verzeiht oder sich für das eigene entschuldigt. Nur auf bereinigtem Boden kann eine Beziehung gut gedeihen. Am besten, man erwartet so wenig wie möglich – vor allem nicht, dass alles so wird wie früher –, macht ein unverbindliches Angebot und lässt sich dann überraschen.

Ein Freund. Ein Mensch, der mit dir geht, eine Zeitlang denselben Weg. Du bist nicht mehr allein. Zwei Freunde schauen nicht so sehr aufeinander, sie schauen gemeinsam weiter. Sie suchen nicht einander, sie suchen gemeinsam, was jeder bracht. Wer von der Freundschaft alles fordert, verfällt in Eifersucht und Isolierung. Ein echter Freund hilft dir dabei, in deinem Leben das zu verwirklichen, was dein eigenes Leben ist.

Darum wird er dich niemals vom wahren Weg deines eigenen Lebens abhalten oder abdrängen. Wirkliche Freunde lassen sich nicht im Stich, weder in guten noch in schlechten Tagen. Sie bleiben einander nahe, in Freud und Leid, in Kraft und Schwäche. Vor Außenstehenden muss man viel verborgen halten, die Außenwelt duldet keinen schwachen Augenblick. Aber die Nähe eines Freundes macht es möglich, ehrlich zu bleiben.

Phil Bosmans

6. Das Kürprogramm der »reifen Jahre« genießen

Luxusgut Zeit – Wiederentdeckung der Langsamkeit

Wenn Sie sich dazu bekennen, Ihr Leben zu genießen oder es wenigstens genießen wollen, dann wissen Sie auch, wie wichtig es ist, sich Zeit zu lassen.

Das kann an einem einfachen Beispiel gezeigt werden, am Essen: Drei von vier Bundesbürgern empfinden Nahrungsaufnahme als Lebensgenuss.[25] Die Erfahrung zeigt, dass Freude am Essen ein sinnlicher Höhepunkt ist. Wer richtig genießt, isst automatisch langsamer und nicht über den Hunger hinaus. Zudem nehmen Genießer mehr optische und geschmackliche Feinheiten wahr – nicht nur ein Hochgenuss für unser sinnliches Erleben, sondern auch für die Gesundheit.

Eine weitere Beobachtung ist, dass Genießer besser entspannen können und deshalb umgänglichere Menschen sind. Genießen kann man nicht »zwischen Tür und Angel«, denn Genuss hat etwas mit Zeit zu tun. Wer beispielsweise mit Schokolade sündigt, der hat wenig von dem Genuss, wenn er eine Tafel Schokolade in sich hineinstopft. Schokolade genießen sollte man langsam, mit Freude, mit Genuss und ohne schlechtes Gewissen und statt mit Reue mit allen Sinnen.[26]

Aber dass Sie sich, um Ihr Leben zu genießen, wirklich immer genügend Zeit nehmen, ist nicht selbstverständlich. Als Sie noch im Beruf standen, haben Sie sich sicherlich häufig etwas mehr Freizeit gewünscht, haben das Wochenende und die Ferien herbeigesehnt. Nun sind Sie im Alter von 60plus endlich im Ruhestand und haben Freizeit im Überfluss – wirklich?

Natürlich wissen Sie, dass Ihre Restlebenszeit gewaltig geschrumpft ist und täglich abnimmt und damit immer kostbarer wird (vgl. im Kapitel 2: Lebensbetrachtung – Vom Wert unseres Lebens). Aber gehen Sie wirklich vernünftig mit Ihrer Zeit um?

Bei vielen Menschen Ihres Alters kann man im Ruhestand eine übergroße Aktivität beobachten, unter der sie selbst leiden, was man ironisch als »Rentnerstress« bezeichnet.[27] Eine Erklärung dieses Phänomens besteht darin, dass der Umgang mit Zeit, den man im Berufsleben in 30 oder 40 Jahren gelernt hat, zur Gewohnheit geworden ist, die man nicht von heute auf morgen abschütteln kann.

Im Berufsleben geht es immer darum, etwas in möglichst kurzer Zeit zu leisten. Der Maßstab ist die Produktivität. Unser Wohlstand bzw. seine Vermehrung ist abhängig von der Produktivitätssteigerung. Dazu gehört auch eine überlappende Arbeitsweise. Das heißt, Pausen in einem bestimmten Arbeitsprozess werden von anderen Prozessen genutzt (ein Prinzip, nach dem Computer arbeiten). Es sieht dann so aus, als ob die Prozesse simultan abliefen.

Diese beiden Prinzipien aus der Berufswelt haben auch immer mehr von unserem Privatleben Besitz ergriffen. Bestimmte Menschen scheinen sich so zu verhalten, als ob sie aus ihrem beruflichen »Hamsterrädchen« nur in ein anderes, privates gesetzt worden wären. Sie strampeln einfach weiter!

Der Zeitforscher Karlheinz A. Geißler nimmt die vielen kleinen Dinge, die verschiedenste Tätigkeiten in unserem Alltag bescheunigen, unter die Lupe.[28] Er untersucht das Tempotaschentuch, den Kühlschrank, den Teebeutel, die Fernbedienung oder den Suppenwürfel, Ideen und Erfindungen, die die Welt ein wenig schneller machen, die uns helfen, »Zeit zu sparen«.

Der Autor macht deutlich, wie ganz gewöhnliche Gegenstände unserer Welt eine höhere Geschwindigkeit erlauben. Er wägt sehr kritisch die Vor- und Nachteile unserer unentbehrlichen kleinen Helfer ab, die meistens, statt einer Entlastung eine unheilvolle Beschleunigung des Alltags bewirken. Statt Zeit für eine gute, liebevoll aufgebrühte Tasse Tee und ein ebenso gutes Gespräch während des Konsums derselben aufzuwenden, surfen wir dabei im Internet oder »zappen« am Fernseher. Da wir wichtig sind oder uns zumindest dafür halten, müssen wir natürlich überall und immer mit dem Handy erreichbar sein und berauben uns so der letzten kleinen Atempausen und Zeitoasen.

Geißler geht es darum, dass unser »Simultanten-Lifestyle« die Lebensqualität einschränkt und nicht etwa erhöht. Gleichzeitig zu bügeln, im Fernsehen per Videotext die Börsenkurse zu verfolgen und ein Krimi-Hörbuch zu konsumieren – das ist in der Tat Stress und kein Zeitmanagement. Wenn wir uns dies alles bewusst machen, bringen wir es vielleicht fertig, den Kaffee einmal wieder in Ruhe im Sitzen zu genießen – und auf den Espresso im Stehen zu verzichten. Zum Ende des Buches mahnt Geißler all die Zeitsparer und Zeitmanager: Das Leben ist kurz. Leben wir es! Auf die Frage in einem Interview, wie er denn seinen eigenen Tagesablauf strukturiere, antwortete Geißler: »Stellen Sie sich einen Emmentaler Käse vor. Die Löcher sind die Pausen, die ich in meinem Tagesablauf vorsehe«.

Also dann, verehrte Leserin, verehrter Leser, lehnen Sie sich doch einmal bequem in Ihrem Sessel zurück und fragen Sie sich, wo in Ihrem Emmentaler Käse die Löcher sein könnten. Hecheln Sie nicht mehr allem hinterher, sondern prüfen Sie und erkennen Sie:

»Das ist mir nicht mehr wichtig, das muss ich nicht mehr haben.«

In dem Maße, wie mit den Jahren alles mühsamer wird, gestatten Sie sich, einen Gang zurückzuschalten und sich Muße zu gönnen, ohne ein schlechtes Gewissen zu haben. Planen Sie in Ihren Tagesablauf Ruhepausen mit ein, Zeit, in denen Sie gar nichts machen. Sie erkennen dabei, dass Mußestunden die beste Medizin und die effektivste Kraftquelle sind, um neue Energien aufzutanken. Sie gestatten sich, Inseln der Entspannung aufzusuchen: eine halbe Stunde Siesta, ein Dämmerstündchen mit schöner Musik, im Garten unter einem Baum zu sitzen und den Duft der Rosen an sich vorbeiziehen zu lassen, sich in den Anblick der Sterne am Nachthimmel zu versenken.

Sie reservieren sich unverplante Zeit, um sich auf die Suche nach dem Wesentlichen des Lebens zu begeben. Dabei werfen

Sie dann auch materiellen und emotionalen Ballast ab, um Hirn und Seele zu erleichtern und Ihr neues Leben anders zu strukturieren. Sie haben damit etwas Wertvolles gewonnen: Freiräume für Ruhe und Neuentdeckung, und um Dinge zu tun, die Ihre Lebensfreude fördern.

Haben Sie Zeit? Können Sie Zeit verschenken? Worin unterscheiden sich Langeweile und Langsamkeit?

Zeit haben heißt: einen Tag ganz bewusst gestalten und dabei die Uhr vergessen, abschalten, entspannen, sich etwas gönnen, Atem holen, zur Ruhe kommen, die Stille vertiefen, gut zu sich selbst sein, einen Film ansehen, ein Gespräch genießen, eine Partie Schach spielen, ein Konzert anhören, im Zoo bummeln, ein Museum besuchen, im Zirkus lachen, Rosen züchten. Zeit haben heißt aber auch: mitwirken, sich einmischen, etwas fertigbringen, kreativ sein und dadurch Spaß gewinnen und Selbstwert erfahren.

Überliefert ist die Geschichte eines weißen Afrikaforschers, der es nicht erwarten konnte, ins Innere des Landes vorzustoßen. Um schneller ans Ziel zu gelangen, zahlte er seinen Trägern ein zusätzliches Geld, damit sie ihn schneller zum Ziel brächten. Eines Abends jedoch saßen sie alle auf dem Boden und weigerten sich, weiterzugehen. Nach dem Grund ihres Verhaltens befragt, antworteten sie: »Wir sind so schnell gegangen, dass wir nicht mehr wissen, was wir tun. Darum warten wir, bis unsere Seele uns eingeholt hat.«

Sie, die Sie zu den Senioren gehören, dürfen sich nach der Hektik des Alltagslebens der Langsamkeit hingeben, um sich selbst wieder wahrzunehmen und den natürlichen Rhythmus wiederzufinden.

Entscheiden Sie sich: Was ist wirklich wichtig in meinem Leben? Setzen Sie Prioritäten! Stellen Sie sich immer wieder die Frage: Muss ich diese Aufgabe tatsächlich übernehmen oder überlasse ich das lieber jemand anderem? Wiederentdeckung der Langsamkeit kann zum Genuss werden, wenn Sie umdenken lernen: Einmal aussetzen, sich zurücklehnen, einen langsameren

Gang einschalten ist keine Zeitverschwendung, sondern ein Mehr an Freude und Genuss.

Faulenzen Sie mal wieder! Gönnen Sie sich Auszeiten! Wenn Sie etwas langsam und bewusst tun, dann können Sie es genießen und neue Kraft daraus schöpfen. Indem Sie es schaffen, zwischendurch auch mal gar nichts zu tun, haben Sie die Chance, wieder zur Besinnung zu kommen. Dadurch füllen sich Ihre leeren Batterien auf. Sie schöpfen neue Kraft und spüren Freude und Optimismus. So gesehen gibt es eine durchaus positive Seite der Veränderungen im Alter:

Ältere haben viel Zeit, auch, um sie anderen zu schenken. Die Zeit reicht sogar aus, um an die Jugendjahre zurückzudenken.

Denken Sie daran

- Langsamkeit darf nicht mit Trägheit gleichgesetzt werden, sondern bedeutet eher, dem eigenen Körperrhythmus zu folgen. »Entschleunigung« und Langsamkeit können zum Lebensgenuss werden mit dem Ziel, Zeit zum Leben zu haben und zu genießen.
- Wer sich Zeit und Ruhe nimmt, kommt schneller vorwärts. Die Schnecken machen es uns vor: Durch ihre Beharrlichkeit kommen sie stets ans Ziel – nicht durch Eile.
- Obwohl auch beim Essen »Fast Food« angesagt ist, um Zeit zu sparen, zeigt sich, dass Langsamkeit den Genuss steigert. Der Italiener Carlo Petrini ist ein »Slow Food«-Anhänger. Sein Credo lautet: Wer bewusster und langsamer isst, stimuliert die Geschmacksnerven mehr.
- Die Zeitlupenbewegungsübungen bei Feldenkrais, Tai-Chi, Reiki, Shiatsu beziehen alle die Seele mit ein. Diese Übungen setzen einen Kontrapunkt zur Hektik unserer Zeit.
- Wer sich Denkzeit nimmt, keine übereilten Entscheidungen trifft, wer warten und schweigen kann, vergeudet am Ende weniger Energie und trifft in der Regel bessere Entscheidungen.

Ich wünsche dir Zeit

Ich wünsche dir nicht alle möglichen Gaben,
Ich wünsche Dir nur, was die meisten nicht haben;
Ich wünsche dir Zeit, dich zu freu'n und zu lachen,
und wenn du sie nutzt, kannst du etwas draus machen.
Ich wünsche dir Zeit für dein Tun und dein Denken,
nicht nur für dich selbst, sondern auch zum Verschenken.
Ich wünsche dir Zeit nicht zum Hasten und Rennen,
sondern die Zeit zum Zufriedenseinkönnen.
Ich wünsche dir Zeit, nicht nur so zum Vertreiben.
Ich wünsche, sie möge dir übrig bleiben
als Zeit für das Staunen und Zeit für Vertrau'n,
anstatt nach der Zeit auf der Uhr zu schau'n.
Ich wünsche dir Zeit, nach den Sternen zu greifen,
und Zeit, um zu wachsen, das heißt um zu reifen.
Ich wünsche dir Zeit, neu zu hoffen, zu lieben.
Es hat keinen Sinn, diese Zeit zu verschieben.
Ich wünsche dir Zeit, zu dir selber zu finden,
jeden Tag, jede Stunde als Glück zu empfinden.
Ich wünsche dir Zeit, auch um Schuld zu vergeben.
Ich wünsche dir: Zeit zu haben zum Leben.

Elli Michler

Von Freiheit und Narrenfreiheit

Die meisten Senioren sind dazu erzogen worden, angepasst zu sein, keinen Widerspruch zu leisten, es allen recht zu machen und sich selbst an die letzte Stelle zu setzen. Viele »Bannbotschaften« aus Kindertagen steckten ihnen ein Leben lang in den Knochen und hinderten sie daran, das zu tun, was sie für richtig hielten.

»Solange du deine Füße unter meinen Tisch stellst, hast Du zu tun, was wir Dir sagen.«
»Ich hab´s dir gleich gesagt, hättest du auf mich gehört!«
»Wenn du nicht auf mich hörst, bist du nicht mehr meine Tochter!«

Wahrscheinlich sind Ihnen diese Redewendungen auch vertraut. Jeglicher Widerstand wurde gebrochen, im Keim erstickt.

Irgendwie wollten Sie es immer allen recht machen und Auseinandersetzungen und Ärger vermeiden. Sie machten sich zum Prellbock zwischen allen Fronten – um des lieben Friedens willen. Sie versuchten Ärger zu verbergen, wenn Sie wütend waren. Sie versuchten möglichst keine Kritik zu üben. Sie verzichteten auf Dinge, die Sie sich wünschten. Sie versuchten, niemanden vor den Kopf zu stoßen. Sie versuchten, so zu sein, wie andere Sie möglicherweise haben wollten. Sie sagten oft Ja, wenn Sie Nein meinten. Sie ärgerten sich, wenn Sie etwas »Falsches« gesagt hatten. Sie versuchten ständig, »eitel Sonnenschein« zu produzieren, auch wenn das auf Ihre Kosten ging. Jeder konnte Ihnen ohne den geringsten Widerstand seinen Willen aufdrücken, meist ohne dass derjenige es überhaupt bemerkte – denn Sie versuchten im »vorauseilenden Gehorsam« den anderen die Wünsche von den Augen abzulesen, noch bevor sie geäußert worden waren.

Die meisten Menschen können sich erst nach dem Tod der Eltern von den Fesseln der Vergangenheit befreien. Andere dagegen sind zwar auch unzufrieden, begehren aber angesichts der immer kürzer werdenden Lebenszeit und der Vernachlässigung ihres eigenen Lebens eher auf. Sie begreifen den Spruch: »Allen Menschen recht getan, ist eine Kunst, die niemand kann« und wollen endlich leben, wie sie es wollen. Sie nehmen sich die Freiheit, die ihnen zusteht, denn solange sie selbst nichts Entscheidendes ändern, bleibt alles, wie es ist.

Erst die Konsequenz macht den Unterschied. Es gehört zu den möglichen Freiheiten des Alters, sich von dem leiten zu lassen, was man wirklich will. Es ist nicht mehr wichtig, was andere davon halten. Die eigene Meinung allein zählt und der Wille, sein Leben auf eine ganz bestimmte Weise zu leben. Man muss nicht mehr jedem gefallen. Und vieles wird einfacher dadurch, dass Kinder und Alte in unserer Gesellschaft Narrenfreiheit genießen und andere Standards der Bewertung gelten. »Narrenfreiheit« hat der, der etwas tut, was andere für »verrückt« halten und was sich von den gesellschaftlichen Normen abhebt:

»Wie kannst Du in Deinem Alter so verrückt sein? Was sollen denn die Leute von Dir denken? So etwas tut man doch nicht!«

Im Alter Narrenfreiheit zu beanspruchen, heißt sich ganz oder teilweise gesellschaftlichen Normen zu entziehen und unbequeme Wahrheiten zu sagen, ohne dafür bestraft zu werden. Im normalen Leben gestattet man sich nur einmal im Jahr Narrenfreiheit, im Karneval. In der »Bütt« dürfen Menschen und Situationen kritisch aufs Korn genommen werden, ja sogar lächerlich gemacht werden – ohne Konsequenzen. Das erinnert an mittelalterliche Zeiten, als der Narr, der Spaßmacher, seinem Herrn so manche Wahrheit ins Gesicht sagen durfte, was sich sonst niemand hätte erlauben dürfen.

Von Freiheit und Narrenfreiheit handeln auch die Themen zahlreicher Seniorentheater in Deutschland (vgl. im Kapitel 4: Träume und Visionen verwirklichen). Thematisiert werden in witziger, ironischer Darstellung die Lebensläufe der Laienschauspieler:

- »Ewig jung«
- »Alle Tage Sonntag«
- »Spätsommergäste«

Inzwischen sind viele Gruppen fast schon professionell geworden. Es geht den Laienschauspielern darum, ihre eigene Erinnerung auf die Bühne zu bringen.

Von den ungeahnten Freiheiten des Alters handelt auch das Buch »Wenn ich einst alt bin, trage ich Mohnrot«[29] In diesem Buch geht es um die neu entdeckte Qualität, beim Altern »neue Freiheiten zu genießen«. Allerdings werden uns diese Freiheiten – die »Geschenke des Alters« – nicht einfach in den Schoß gelegt, sondern sie sind die Früchte eines Wachstums- und Reifungsprozesses.

Mir gefällt dieses Buch, weil es ehrlich ist, nichts schönt und nichts tabuisiert. Es ist realistisch und macht Mut, »sich sein Leben zu eigen zu machen«, und die neuen Freiheiten zu genießen. Bereits der provokative Titel wirft Fragen auf:

Was ist Alter? Wann beginnt es? Wann ist man alt? Ist man also tatsächlich so alt, wie man sich fühlt? Und was bedeutet in meinem Leben »mohnrot«? Wie will ich leben, wenn ich älter bin?

In der Tat haben Menschen jenseits der 60 enorme Freiheiten und Freiräume. Sie müssen nichts mehr und dürfen vieles. Sie haben zeitliche und finanzielle Freiräume und gestatten sich manche exzentrischen Abenteuer, Meinungen und Lebensweisen. Das Pendel geht in die andere Richtung: von der Fremdbestimmung zur Selbstbestimmung.

Diese Richtung wird auch deutlich in der Novelle »Die Klatschmohnfrau« von Noelle Châtelet. Die Autorin erzählt die Geschichte einer alten Dame, 70 Jahre alt, die auf wunderbare Weise noch zum Leben erwacht, als sie einen 10 Jahre älteren, lebendigen und vitalen Mann kennenlernt. Sie verliebt sich in ihn und entwickelt eine leidenschaftliche, auch sinnliche Liebe. Die Novelle handelt von der Entdeckung einer späten Leidenschaft. Marthe und Felix werden ein ungewöhnliches Liebespaar, das seine Liebe in allen Facetten auslebt. Trotz der schrägen, vorwurfsvollen Blicke der Umwelt zeigen sie ihre Zuneigung offen und kämpfen um Anerkennung. In kleinen Rückblicken der Erzählerin erfährt man, dass Marthe mit Edmond verheiratet war, einem Langweiler und Pedanten, der sie wie ein Kind behandelte, aber für ihre kindlich romantischen Sehnsüchte überhaupt kein Verständnis zeigte. Marthes Vater, ein ganz ähnlicher Typ, hatte sie mit dem Griesgram Edmond verheiratet. Sie wehrte sich nicht, ließ es geschehen und lebte ein graues, liebloses Eheleben: bis zu der Begegnung mit Felix, die sie tief erschütterte und dazu führte, dass Marthe zu leben begann.

Bis dahin hatte Marthe 20 Jahre lang als Witwe gelebt, ein eintöniges Leben ohne jegliche Gelüste geführt: wegen des Herzens Tee statt Kaffee, der immergleiche sich wiederholende Ablauf des Frühstücks. Maßvoll war sie: drei kleine Scheiben Toast, regelmäßig Medikamente gegen das Stechen in der Hüfte und die Herzschwäche. Einzige Lichtblicke dieses Lebens ohne Lebensfreude waren die regelmäßigen Wochenendkaffeetafeln mit der Familie.

Vor diesem Hintergrund entwickelt sich Marthes Geschichte mit Felix. Seit der ersten Begegnung im Bistro beginnt sich Marthes Leben zu ändern. Marthe entdeckt eigene Bedürfnisse, entwickelt Lust und Gelüste, macht Pläne, trifft Entscheidungen, entdeckt in sich die völlig verschüttete, romantische Leidenschaft, die lebendige Klatschmohnfrau, das junge Mädchen, das bis zu ihrer Ehe mit Edmond eine leuchtend rote Bluse trug, die mit dem Tag der Verlobung in der Versenkung verschwand.

Die Begegnung mit Felix führt dazu, dass Marthe plötzlich Lust auf Kaffee statt auf faden Eisenkrauttee entwickelt und feststellt, dass ihr Herz diese wie auch andere Genüsse gut verträgt. Sie wagt sogar, gemeinsam mit Felix Portwein und dann auch Rotwein zu trinken. Sie trifft sich mit Felix zum Abendessen und zu vielfältigen anderen Gelegenheiten und erfährt die Welt völlig neu. Marthe erhält den ersten Liebesbrief ihres Lebens. Sie ist 70 Jahre alt!

Parallel zu ihrer beglückenden Liebeserfahrung kämpft Marthe sich gegen die Normen ihrer Familie frei, die eine solche Liebesbeziehung im hohen Alter zunächst peinlich, unangemessen und befremdlich findet. Marthe wagt es aber, Felix bei ihrer Familie einzuführen. Und nachdem er mit Eleganz, Charme und Selbstbewusstsein alle Herzen erobert hat, sind sie als Paar akzeptiert.

Zur Freiheit und Narrenfreiheit, wie es diese Novelle so schön zeigt, gehört auch, sich nicht mehr ständig anzupassen und es allen recht machen zu wollen. Es geht nicht darum, nun unbedingt nur »weise, gelassen und heiter« zu werden. Nein, auch Temperament, das Feuer des Zorns und ein aufbrausender Charakter haben ihr Gutes. Dann nämlich mischt man sich engagiert ein, vertritt unerschrocken das Gute, von dem man überzeugt ist. Man ist weiter präsent und lebendig – bis ins hohe Alter.

Die Gruppe der über 60-Jährigen macht einen immer größeren Teil der Bevölkerung aus. Unsere Gesellschaft, die die Neigung hat, die Lebensphase der Jugend überzubewerten und das Älterwerden abzuwerten, erfährt heute einen grundlegenden Wertewandel. Eine Umbewertung findet statt, eine Rückbesinnung auf die wahre Balance des Lebens, die in jeder Phase wichtige und unverzichtbare Erfahrungen für uns bereithält. Älterwerden ist eine Herausforderung. Älterwerden ist aber auch ein Abenteuer und steckt voller Chancen.

Das Alter ist heute eine attraktive Lebensphase, denn die Freiheit der älteren Menschen hat in den vergangenen Jahrzehnten so stark zugenommen wie die keiner anderen Bevölkerungsgruppe. Es gab noch keine Generation alter Menschen, die so viele Freiheiten hatte wie die unsrige. Was vor 50 Jahren noch als »unwürdig« angesehen wurde, ist heute akzeptiert: Großmütter, die alleine in Urlaub fahren, Senioren, die modische Kleidung tragen oder sogar Ballonfahren. Und was Großvätern an Verrücktheiten vorschwebt, das zeigt der Hit »Mit 66 Jahren« von Udo Jürgens.

Vielleicht können Sie sich aber auch von dem nachfolgenden Gedicht[30] davon überzeugen lassen, was Sie noch an Freiheiten und Narrenfreiheiten ausprobieren könnten, um sie als Geschenk des Alters anzunehmen.

Wenn ich einst alt bin, trage ich Mohnrot

Wenn ich einst alt bin, trage ich Mohnrot,
weil ich das Brennen nicht missen möchte
in meinen Gliedern, in meinem Herz,
Einen großen Hut, der weit auslädt
und das Gesicht anmutig verschattet.
Ich werde stolz sein, wenn die Leute hinter mir tuscheln:
Da geht die verrückte Alte mit ihrem Hut.

Vieles werde ich nicht mehr machen.
Zuhören zum Beispiel, wenn ich nicht mag
oder bleiben, wenn es mich langweilt,
nicht mehr fächeln mit höflichen Floskeln,
sondern sagen wie es mir ist.

Vieles aber will ich noch tun:
Rutschbahn fahren mit meinem Enkel,
rumpurzeln im Heu und lachen dazu.
Leute ansprechen im Tram auf der Straße
die mir gefallen und fragen wie geht's?
Zeit mir nehmen für einen Schwatz im Blumenladen,
die Ansicht der Gärtnerin kennenlernen
über Jahreszeiten und Sträuße.

Reisen, ein Weingut suchen im Herz der Toskana,
weil mir das Etikett auf der Flasche gefiel.
An die Nordsee fahren, weil ich Sehnsucht habe
nach grauen Stränden und frischem Wind.
Was mir so einfällt, ein Nachtspaziergang,
Düften folgen und fliegen lassen Bänder im Wind.
Unbekümmert und barfuß lauf ich ins Grab.

Elisabeth Schlumpf

Dankbarkeit als Schlüssel zum Glück

Dankbarkeit ist nicht nur die Erinnerung des Herzens (Romano Guardini), sondern zugleich eine christliche Grundhaltung. Vielleicht sollten diejenigen, die unzufrieden und resigniert ihr Leben betrachten, sich die schönen Seiten ihrer Lebensphase bewusst machen.

Wenn es auch nicht immer für jeden Einzelnen gilt, kann man doch sagen, dass diejenigen, die jetzt 60 Jahre oder älter sind, allen Grund haben, dankbar zu sein. Keiner Rentnergeneration ist es jemals wirtschaftlich besser gegangen, keine Rentnergeneration zuvor hat ein Leben ohne Krieg leben dürfen. Keine andere Rentnergeneration hat den Ruhestand in solcher körperlicher und geistiger Fitness erreicht und es wird in Zukunft allenfalls Generationen geben, die noch älter werden, aber keine mehr, die sich so viel leisten kann.

Dankbar ist ein Mensch dann, wenn er nichts in seinem Leben als Selbstverständlichkeit empfindet, sondern alles als Geschenk. Dankbar ist einer, wenn er noch staunen kann über die Wunder der Welt und seines eigenen Lebens, und wenn er zugleich erkennt, dass er eigentlich auf all das keinen Anspruch hat. Dankbar ist der, der weiß, dass er sich und sein Leben, seine Fähigkeiten und seine Freuden nicht sich selbst verdankt. Leider sind wir heutzutage oft von dieser Haltung des Herzens weit entfernt.

Wir leben seit über 60 Jahren in Frieden und Wohlstand – und viele sind unzufrieden und jammern darüber, wie schlecht es ihnen geht. Wie viel Gutes ist uns in unserem zurückliegenden Leben zuteil geworden, ohne dass wir uns dafür besonders bedankt haben! Gesundheit halten wir für normal, bis wir sie verloren haben, einen Arbeitsplatz – darauf meinen wir von Gesetzes wegen einen Anspruch zu haben. Einen Partner, Kinder, eine Familie, all das gehört zum Leben, wie wir finden, ganz einfach dazu.

Dass das Schicksal gelegentlich unbarmherzig zuschlagen kann und nichts so selbstverständlich ist, begreifen wir erst dann, wenn wir das aus nächster Nähe erfahren oder selbst in eine Notlage geraten. Sich in Dankbarkeit auch an das erinnern, was die Eltern für uns getan haben und aus dieser Dankbarkeit einen Teil davon zurückzugeben, das sollte eigentlich eine Selbstverständlichkeit für uns sein. Wir sollten auch dankbar sein für alles, was wir uns an Freuden des Lebens gönnen oder leisten können: eine gute Flasche Wein, eine wunderschöne CD, ein besonderes Buch, einen Sonnenauf- oder -untergang, einen unvergesslichen Urlaub, ein neues Auto, eine neue Wohnung, ein Haus in bevorzugter Wohnlage. Alles ist Grund genug, in unseren Herzen das Danklied unseres ganz persönlichen Lebens anzustimmen.

Ich bin sicher, für gläubige Menschen kommt Gott in diesem Lied vor, aber zugleich all die Menschen, von denen wir in der Vergangenheit so viel empfangen haben: unsere Eltern, Verwandte, Freunde, Lehrer und Wohltäter, denen wir begegnen durften. Das meiste des Guten, das sie alle uns geschenkt haben, können wir selbst nicht mehr zurückerstatten. Eines aber können wir tun: uns in Dankbarkeit ihrer erinnern und sie in unsere Gedanken und Gebete einschließen.

Dankbarkeit hat auch etwas mit Liebe zu tun. Mir fällt in diesem Zusammenhang ein älteres Ehepaar ein.[31]

Die Frau litt seit Jahren an der Alzheimer-Krankheit. Mittlerweile war sie ganz und gar auf die Pflege ihres Mannes angewiesen. Als ich den alten Mann fragte, wie er diese schwere Aufgabe jeden Tag bewältige, sagte er mir nur: »Ach, wissen Sie, wir haben uns immer geliebt. Wenn ich krank geworden wäre, hätte meine Frau dasselbe für mich getan.«

Dankbarkeit ist Einstellungssache und hat mit Herzenswärme und Herzensbildung zu tun und kann ein echter Glücksbringer sein. Dankbare Menschen sind zufriedener und zuversichtlicher, ohne sich dabei der rosaroten Brille zu bedienen. Wer sich täglich bewusst macht, wofür er dankbar sein kann, der gerät automatisch in bessere Stimmung und erhält dadurch mehr Kraft, den Alltag zu bewältigen.

»Dankbarkeit ist die Erinnerung des Herzens. Wer dankbar ist, der spendet Anerkennung, die sich als Schwungrad unseres Lebens auswirkt. Allein schon deshalb sollte man Danksagen auch nicht hinausschieben und schon gar nicht versäumen.«[32]

Dankbarkeit verleiht uns eine positive Ausstrahlung, so dass andere sich in unserer Gegenwart wohler fühlen.

Jeder Mensch hat einen Schatten, der ihn verfolgt, und eine Vergangenheit, die ihn belastet. Um meinen eigenen Schatten zu sehen, muss ich dem Licht den Rücken kehren. Niemand kann seinem Schatten entfliehen oder die Vergangenheit ungeschehen machen. Aber jedem steht die Möglichkeit offen, sich der Sonne und dem Licht zuzuwenden. Der Schatten ist immer noch da, aber mein Blick ist auf das Helle, das Schöne, das Positive gerichtet.

Menschen, die trotz mancher Schatten in ihrem Leben dankbar sind, führen ein glückliches Leben. Und es gibt viel zu danken, wie das nachfolgende Lied beweist:

Danke, für diesen guten Morgen
danke, für jeden neuen Tag.
Danke, dass ich all meine Sorgen
auf dich werfen mag!

Danke, für alle guten Freunde,
danke, o Herr, für jedermann.
Danke, wenn auch dem größten Feinde
ich verzeihen kann.

Danke, für meine Arbeitsstelle,
danke, für jedes kleine Glück.
Danke, für alles Frohe, Helle
und für die Musik.

Danke, für manche Traurigkeiten
danke, für jedes gute Wort.

Danke, dass deine Hand mich leiten
will an jedem Ort.

Danke, dass ich dein Wort verstehe,
danke, dass deinen Geist du gibst.
Danke, dass in der Fern und Nähe
du die Menschen liebst.

Danke, dein Heil kennt keine Schranken,
danke, ich halt mich fest daran.
Danke, ach Herr, ich will dir danken,
dass ich danken kann.
Martin Gotthard Schneider

Heitere Gelassenheit

Warum sich die gute Laune verderben lassen und sich den Tag mit Ärger vermiesen, wo es doch immer einen Grund gibt, glücklich zu sein? Jeder verdorbene Tag ist ein vergeudeter Lebenstag, den Ihnen niemand zurückgeben kann. Perspektivwechsel ist angesagt: Kehren Sie die negative Situation um und stecken Sie andere mit positiver Stimmung und heiterer Gelassenheit an!

Der größte Feind guter Laune und heiterer Gelassenheit ist Ärger und was der in uns auslöst, hat jeder von uns bereits erlebt. Indem wir uns ärgern, sammelt sich in uns Wut und Zorn, nimmt uns Luft, macht uns sauer und vergällt uns den Tag, der am Abend unwiederbringlich vorbei ist und damit wertvolle Lebenszeit. Ganz abstellen lässt sich dieses destruktive Gefühl des Ärgers zwar nicht, aber doch wesentlich entschärfen und ist dadurch besser in den Griff zu bekommen. Konrad Adenauer hatte eine geniale Einsicht, die vielleicht auch Sie überzeugt:

»Wer sich ärgert, der büßt die Sünden anderer!«

Eigentlich ist es egal, was Sie tun oder auch nicht, Sie sollten es nur mit Freude und Genuss tun. Sie sollten sich jeden Tag etwas gönnen, was die Seele streichelt, die Heiterkeit fördert und gute Laune schafft, denn die vertreibt Frust und entspannt den ganzen Körper. Mit heiteren Menschen ist darüber hinaus jeder gern zusammen und gut gelaunten Menschen traut man nebenbei auch mehr zu als Miesepetern.

Haben Sie schon mal versucht, diejenigen, die Sie zu ärgern versuchen, mit einem Lächeln zu entwaffnen und »abblitzen« zu lassen? Wenn nicht, probieren Sie es einmal! Sie werden erstaunt sein, wie das wirkt! Lächeln ist ein kostenloses Zaubermittel, das jedem zur Verfügung steht und wahre Wunder bewirken kann. Das kann ich aus eigener Erfahrung bestätigen. Lachen ist der Ausdruck eines im Inneren empfundenen Gefühls von Heiterkeit und Fröhlichkeit und wirkt ansteckend auf andere. Lächelt uns jemand an, dann ist es fast unmöglich, nicht zurückzulächeln.

Wir begegnen im Alltag überwiegend Menschen, bei denen die Mundwinkel immer die gleiche Richtung anzeigen: Tendenz fallend! Wer täglich ungerechtfertigten Angriffen, Beleidigungen und Verdächtigungen ausgesetzt ist, für den ist – trotz optimistischer Grundhaltung – »Schluss mit lustig«.

Die Erfahrung im Umgang mit Menschen lehrt uns, dass es selbst sonnigsten Gemütern nicht möglich ist, jeden Tag in bester Form, gutgelaunt und spritzig zu sein. Es gibt für jeden Menschen Tage, an denen Heiterkeit und Gelassenheit nicht gelingen wollen. Aber wir sollten uns auch dann bewusst machen, dass es schon einen deutlichen Unterschied macht, ob wir trotz mancher Belastungssituationen eine eher positive Sicht versuchen. Denn die Perspektive, mit der wir etwas wahrnehmen und beurteilen, entscheidet über unsere Befindlichkeit.

Marie von Ebner-Eschenbach brachte das so zum Ausdruck:

»Nicht was wir erleben, sondern wie wir empfinden, was wir erleben, macht unser Schicksal aus.«

Was aber hat es nun auf sich mit dem Begriff »Gelassenheit«? Marie von Ebner-Eschenbach definiert Gelassenheit so:

»Die Gelassenheit ist die anmutigste Form des Selbstbewusstseins.«

Meiner Interpretation zufolge bedeutet Gelassenheit, souverän über den Dingen zu stehen, großzügiger und toleranter gegenüber anderen zu sein, sich selbst nicht zum Maß aller Dinge zu machen, Erfahrung zu haben und zu wissen, was passiert und wie man mit der Situation umzugehen hat.

Wer gelassen auf Herausforderungen besonderer Situationen reagiert, signalisiert, dass er sich selbst und jede Situation im Griff hat. Gelassenheit hat also etwas mit Sicherheit, Distanz, Abgeklärtheit, Ruhe, Wissen, Weisheit und Erfahrung und nicht mit Gleichgültigkeit zu tun. Am wenigsten gelingt heitere Gelassenheit immer dann, wenn wir neuen Situationen ausgesetzt sind, unsicher werden und nicht auf Erfahrungen zurückgreifen können. Unsicherheit bewirkt bei den meisten Menschen, dass sie nervös oder hektisch werden.

Um die Kunst der Gelassenheit zu beherrschen, ist es wichtig, negative Verhaltens- und Reaktionsmuster, die blockieren und in positive Gedankenmuster umgewandelt werden müssen, zu erkennen. Um Verstimmungen zu vermeiden, muss die Spirale des Grübelns unterbrochen werden, denn der Mensch fühlt, was er denkt!

Denken Sie in kritischen Situationen daran:

Der Kopf ist rund, damit das Denken die Richtung ändern kann!

Brechen Sie aus der Spirale belastender Verhaltensmuster aus und lassen Sie sich auf etwas Neues ein. Pflegen Sie das Kind in sich und erhalten Sie sich kindliche Begeisterungsfähigkeit, Neugier und spontane, unbefangene Fröhlichkeit.

Sie können Verstimmungen und Belastungen aller Art ein Schnippchen schlagen, indem Sie möglichst nicht ständig darüber reden. Ärger herauslassen mag zwar entlastend sein, Studien zeigen aber, dass beim Reden über Ärger ein Rückkopplungseffekt und eine negative Verstärkung entsteht, mit der Folge, dass der Ärger gesteigert wird und man sich beim Reden über den Ärger wieder neu ärgert. Gleichzeitig verdirbt man dem Zuhörer die gute Laune, weil er sich mitärgert!

Andere gute Abwehrmechanismen gegen akute atmosphärische Störungen, die die gute Stimmung beeinträchtigen, sind Entspannungsübungen. Auch Mentaltraining ist geeignet, seine Gedanken und Gefühle auf positiven Kurs zu bringen und Ärger zu neutralisieren:

Stellen Sie sich vor, auf einer Blumenwiese zu liegen, einen Bach plätschern zu hören und die Wolken über sich hinwegziehen zu sehen. Diese inneren Bilder der Harmonie blockieren negative Emotionen, wandeln sie sogar um in positive. Ebenso geeignet ist Entspannungsmusik, die sanfte Gefühle weckt und ein harmonisches Grundgefühl schafft.

Lassen Sie sich durch Angriffe, Attacken und Ärger nicht Ihr Gemüt und Ihre Stimmung vergiften. Denken Sie daran, wie schädlich negative Stimmungen für Ihre Gesundheit und Ihr Immunsystem sind und lassen Sie es nicht zu, sich in ein Stimmungstief herunterziehen zu lassen. Setzen Sie sich und anderen Grenzen.

Immer dann, wenn es Ihnen besonders schwerfällt, ärgerliche Gedanken und belastende Gefühle abzuschalten, sollten Sie folgende Denkanstöße beherzigen, die innere Ruhe und Gelassenheit fördern:

- Besser bitten, als fordern.
- Besser kooperieren, als alles kontrollieren wollen.
- Wer die Beherrschung verliert, hat schlechte Karten.
- Wer bei Ärger »stocksauer« reagiert, gibt anderen Macht über sich.
- Nicht nach Schuldigen suchen, sondern nach Lösungen.

Jedes Prozent weniger Ärger lässt uns mehr Kraft für heitere Gelassenheit. Jedes Mal, wenn es uns gelingt, statt negativ mit Ärger positiv mit heiterer Gelassenheit und Lebensfreude zu reagieren, haben wir ein Erfolgserlebnis und gewinnen Lebensqualität.

So bewahren Sie heitere Gelassenheit

- Gönnen Sie sich täglich einen kleinen Genuss! Entdecken Sie für sich die täglichen Kleinigkeiten, die Ihnen Freude machen und konzentrieren Sie sich auf die daraus resultierenden Glücksmomente!
- Übertriebenes »Maßhalten« kostet Kraft. Ständige Kontrolle macht auf Dauer unglücklich. Genehmigen Sie es sich gelegentlich, einmal über die Stränge zu schlagen (doppelte Portion Eis, doppelte Portion Torte, Pralinen satt, die zweite Fla-

sche Wein). Unkontrollierter Genuss ist zwar stressig für den Körper, aber wundervoll für die Seele!

- Soziale Kontakte sind Glücksbringer Nummer eins. Deshalb pflegen Sie Kontakte, rufen Sie an, wenn Sie ein Bedürfnis verspüren!
- Machen Sie's den Kindern nach: Seien Sie »kindisch« und pflegen Sie das Kind in sich! Menschen, die sich möglichst oft und unbefangen im freien »Kind-Ich« bewegen, sind glücklicher und bleiben länger jung. Erhalten Sie, wie ein Kind, Ihre Lust auf neue Erfahrungen. Wer geistig und/oder körperlich unbeweglich ist und sich Neuem verschließt, wird einsam und unglücklich!
- Entdecken Sie Sport als Glücksboten. Körperliche Anstrengungen bewirken einen »Endorphin-Kick« und selbst sanfte Aktivitäten vertreiben trübe Gedanken und setzen Glückshormone frei!
- Entrümpeln Sie gelegentlich und trennen Sie sich von allem, was Sie belastet, was unnötig ist oder Sie unglücklich macht. Krempeln Sie alles um und Sie werden sich frei, erleichtert und glücklich fühlen!

Loslassen – eine neue Lebensqualität

Sie kennen das: Im Laufe der vielen Jahre, die Sie erleben durften, nahm die Menge an Dingen in Ihrer Wohnung oder Ihrem Haus ständig zu: Kleidung, Geschirr, Bücher, Nippes, Blumenvasen, Erinnerungsstücke von Urlaubsreisen, Bilder, Fotoalben, Videokassetten usw. Und der Keller müsste eigentlich auch mal wieder aufgeräumt werden!

Dass es zu einer derartigen Ansammlung von »Materie« kommt, liegt vor allem daran, dass wir uns ungern von etwas trennen, das wir einmal für mehr oder weniger viel Geld erworben haben. Und die Erinnerungen, die an manches gute Stück geknüpft werden, spielen auch noch eine Rolle. Ehe uns dieser Überfluss die Luft zum Atmen nimmt, sollten wir uns einen Ruck geben und uns von Ballast trennen. Vieles, was man besitzt, benutzt man längst nicht mehr und braucht es demzufolge auch nicht. Es ist ein Gepäck, das nicht nützt, sondern belastet.

Dabei könnte auch Ihr Leben einfacher und glücklicher sein! Sie müssen sich nicht von Wanderdünen unerledigter Arbeiten und Verpflichtungen unter Druck setzen lassen. Sie können durch Entsorgung und Entrümpelung profitieren, Ihre Seele entlasten und dadurch Ihren innersten Lebenszielen näher kommen. Sie werden durch Entsorgung all des Ballastes die Erfahrung machen, dass Loslassen und Ballast abwerfen befreit, und Sie lernen, herauszufinden, was Ihnen wirklich wichtig ist und was Sie zum Leben wirklich brauchen.[33]

Obwohl uns diese Art des »Loslassens« auch schon schwer genug fällt, ist sie doch wesentlich leichter umzusetzen als die, um die es im Folgenden geht: Denn es gibt auch ein »Loslassen«, das von uns fordert zu akzeptieren, dass uns etwas weggenommen wird, dass wir etwas auf immer verlieren.

Wer zur Zielgruppe 60plus gehört, hat bereits viel erlebt und erfahren und kann mit Stolz und Dankbarkeit auf Erreichtes zurückblicken. In aller Regel sind die Kinder erwachsen, außer Haus, stehen auf eigenen Füßen und haben die Eltern vielleicht sogar in ihren Zielen und Erfolgen überholt. Wer sich in der Phase des »dritten Lebens« befindet, hat bereits vieles loslassen müssen und dabei die Erfahrung gemacht, dass Loslassen eine permanente Lebensübung ist.

Beate, 62 Jahre:
»Im Laufe meines Lebens wurde ich nun doch schon ziemlich oft dazu gezwungen, loszulassen. Der erste gravierende Einschnitt erfolgte, als meine Mutter starb. Ich fühlte mich damals viel zu jung, um ohne sie zurechtzukommen. Ich nahm ihr das frühe Weggehen richtig übel. Und eine Trauer war seitdem in mir, die bis heute präsent ist. Sie verlor an Tiefe und veränderte sich, weil so viel anderes dazukam, aber ich spüre diese Trauer noch immer. Danach zog ich mich von früheren Idealen zurück und hatte irgendwann kein Bedürfnis mehr, die Welt verbessern zu wollen. Das empfinde ich nachträglich als ein ›bewusstes‹ Loslassen. In den früheren Jahren wurde ich auch durch Streitereien zu vorübergehenden Trennungen gezwungen, mal von Bruder, mal von Schwester, immer hausgemacht von irgendwem. Der Neuanfang nach einer unglücklichen Ehe, aus der meine Kinder hervorgingen, ist mir im Nachhinein betrachtet noch am leichtesten gefallen. Mein Leben war gelebtes Pflichtgefühl.

Je älter ich werde, umso mehr verabschiede ich mich von manchem Lebenstraum. Je älter ich werde, umso mehr Abschiede und Verluste kommen auf mich zu. Meine beste Freundin starb an Krebs und auch mein Bruder. Und auch ich musste ›Federn lassen‹. Ein großer Teil meiner Zähne musste gezogen werden. Inzwischen habe ich es geschafft, diesen Zustand zu akzeptieren. Aber mit dem Verlust der Zähne entstand meines Erachtens das wirklich erste freiwillige Loslassen. Ich habe mich einfach arrangiert und diese Tatsache dann, auch ohne weiteres Leiden, akzeptiert. Das war das erste Mal und danach fielen mir dann weitere Schritte nicht mehr so schwer. Nun blicke ich auf den größten Teil meines Lebens zurück, werde in drei Monaten die Firma loslassen, zu der ich 30 Jahre lang gehörte. Ich musste begreifen, dass meine Zeit vorbei ist. Viele Möglichkeiten kristallisieren sich für die Jahre meines Ruhestandes heraus. Ich spüre ein großes Glück in mir, eine tiefe Freude: Ich werde loslassen können! Ich habe es endlich begriffen, wie es geht! Loslassen kann wirklich auch Glück bedeuten!«

Das Loslassenmüssen hat mit unabweisbaren Veränderungen zu tun, die entweder in unserer Person selbst begründet sind oder in unserer Umwelt.

Was uns selbst betrifft, so sorgt allein schon der Alterungsprozess des Körpers dafür (vgl. im Kapitel 1: Die körperlichen Folgen des Alterns), dass wir von manchen lieb gewonnenen Gewohnheiten Abschied nehmen müssen. Vielleicht haben Sie früher gern Tennis gespielt und waren in der kalten Jahreszeit bei jeder Gelegenheit in den Alpen zum Abfahrtsski. Wie haben Sie das genossen, den Pulverschnee, den blauem Himmel, die strahlende Sonne und den Geschwindigkeitsrausch bei der Abfahrt! Irgendwann war es vorbei. Ein Bandscheibenvorfall hatte Ihnen die Grenzen aufgezeigt – und Sie haben sie vernünftigerweise akzeptiert.

Diese Art von Einschränkungen ist noch relativ harmlos im Vergleich zu den Verlusten, die uns von anderen zugefügt werden können: Sie verlieren z. B. den Kontakt zu Ihrem Kind. Ihr Ehepartner trennt sich von Ihnen oder verliert infolge eines Schlaganfalls oder wegen zunehmender Demenz seine Persönlichkeit. Die Anforderungen an die Fähigkeit »Loslassen« bekommen hier eine ganz andere Dimension.

Wir Menschen bewegen uns fort im Fluss der Zeit, müssen immer wieder loslassen und uns ständigen Veränderungen anpassen. Wir werden immer wieder gezwungen, uns von etwas zu lösen, etwas hinter uns zu lassen und zu akzeptieren, dass wir nicht immer bekommen, was wir uns gewünscht hatten. Wenn wir zulassen können, dass es so ist, wie es ist und die Dinge, die wir nicht ändern können, akzeptieren, können wir Loslassen als Chance, Gewinn und Voraussetzung für Entwicklungen und Veränderungen betrachten. Nur wer loslässt, hat die Hände frei.

Viele Menschen möchten das Leben konservieren, anhalten und können Veränderungsprozesse nur schwer akzeptieren. Sie wollen nicht wahrhaben, dass etwas vorbei ist, können Schicksalsschläge nicht als etwas annehmen, das zu unserem Leben gehört und möchten am liebsten Alter, Hilfsbedürftigkeit und Tod aus dem Bewusstsein verbannen. Dadurch aber beginnt der Kampf gegen das Unvermeidliche und das macht alles nur noch sehr viel schwerer. Erst wenn wir aufgeben, wenn wir unsere Illusionen überwinden, haben wir gewonnen. Wir können die Situation akzeptieren und die nötigen Schritte zur Veränderung einleiten.

»Wenn man aufhört, sich zu verändern, wird man wie ein Stein«. So lautet das Lebensmotto der Sängerin, Autorin und Schauspielerin Erika Pluhar. »Loslassen ist die schwerste Lebensübung, die man jeden Tag aufs Neue bewältigen muss«, sagt sie.

Die Kunst der kleinen Schritte

Ich bitte nicht um Wunder und Visionen, Herr, sondern um die Kraft für den Alltag. Lehre mich die Kunst der kleinen Schritte.

Mach mich findig und erfinderisch, um im täglichen Vielerlei und Allerlei rechtzeitig meine Erkenntnisse und Erfahrungen zu notieren, von denen ich betroffen bin.

Mach mich griffsicher in der richtigen Zeiteinteilung. Schenke mir das Fingerspitzengefühl, um herauszufinden, was erstrangig und was zweitrangig ist.

Lass mich erkennen, dass Träume nicht weiterhelfen, weder über die Vergangenheit noch über die Zukunft. Hilf mir, das Nächste so gut wie möglich zu tun und die jetzige Stunde als die wichtigste zu erkennen.

Bewahre mich vor dem naiven Glauben, es müsste im Leben alles glatt gehen. Schenke mir die nüchterne Erkenntnis, dass Schwierigkeiten, Niederlagen, Misserfolge, Rückschläge eine selbstverständliche Zugabe zum Leben sind, durch die wir wachsen und reifen.

Erinnere mich daran, dass das Herz oft gegen den Verstand streikt. Schick mir im rechten Augenblick jemand, der den Mut hat, mir die Wahrheit in Liebe zu sagen.

Du weißt, wie sehr wir der Freundschaft bedürfen. Gib, dass ich diesem schönsten, schwierigsten, riskantesten und zartesten Geschenk des Lebens gewachsen bin.

Verleihe mir die nötige Phantasie, im rechten Augenblick ein Päckchen Güte, mit oder ohne Worte, an der richtigen Stelle abzugeben.

Mach aus mir einen Menschen, der einem Schiff mit Tiefgang gleicht, um auch die zu erreichen, die »unten« sind.

Bewahre mich vor der Angst, ich könnte das Leben versäumen. Gib mir nicht, was ich mir wünsche, sondern was ich brauche.

Lehre mich die Kunst der kleinen Schritte!
Antoine de Saint-Exupéry

Denken Sie daran: »Loslassen – eine neue Lebensqualität«

- Wer sich auf Veränderungen einlässt und Altes loslässt, hat die Hände frei für Neues. Dieses jedem einleuchtende sprachliche Bild zeigt, dass in der Fähigkeit loszulassen Freiheit und Bereicherung, Chancen für Neues liegen können.
- Stellen Sie sich öfter die Frage: Was brauche ich wirklich? Macht das, was ich besitze oder kaufen möchte, mich eigentlich langfristig zufriedener oder glücklich? Inwieweit wird

meine Art zu leben von den Erwartungen meiner Mitmenschen bestimmt?

- Lassen Sie sich nicht von dem verleiten, was gerade »in« oder modern ist. Der Satz »Muss ich auch haben« sollte aus Ihrem Vokabular gestrichen werden. Sie können selbstbewusster Individualist oder angepasster Mitläufer sein.
- Verzicht bedeutet nicht Verlust. Man kann die Natur lieben und sich daran erfreuen, ohne einen großen Garten pflegen zu müssen. Sie können durchaus einmal im Jahr ein rauschendes Fest feiern, ohne sich dafür ständig einen »Ballsaal« halten zu müssen.
- Gestalten Sie Ihre Umgebung so, dass Sie sich wohlfühlen.
- Schaffen Sie sich durch Perspektivwechsel eine optimistische Grundstimmung, die Ihnen das Loslassen erleichtert und Ihnen die Zuversicht gibt, dass weniger oft mehr ist.
- Genießen Sie das Gefühl, Regisseur im eigenen Lebensfilm zu sein, selbst über sich zu bestimmen, autonom und unabhängig zu sein, statt sich von irrealen Vorgaben und Zielen antreiben zu lassen.

Lebensfreude und Zufriedenheit

Lebensfreude ist Nahrung für die Seele und Sonnenschein im Leben. Sie wärmt und nährt die Seele. Sie belebt und erhellt den Geist. Sie ist strahlende Energie und lässt die Augen leuchten. Freude bringt Vielfalt ins Leben und ist der wahre, innere Reichtum des Menschen. Freude bringt Leichtigkeit ins Leben, verleiht der Seele Flügel, macht die Gedanken weiter und freier, öffnet das Herz und lässt es höher schlagen. Freude bringt Farbe ins Leben. Kurz gesagt: Freude tut ganz einfach gut! Sie stärkt unsere Zufriedenheit.

Die Quellen der Freude sprudeln überall. Betrachten Sie nur die Natur: der Wechsel der Jahreszeiten und die damit verbundenen Veränderungen der Landschaft, die wechselnden Stimmungen, die durch das Wetter – Sonne, Wind, Regen, Wolken – hervorgerufen werden, blühende Gärten, Spiegelungen auf einem Gewässer, der Duft von Pflanzen und Erde, Geräusche wie das Plätschern eines Baches, das Rauschen des Meeres oder einfach Stille.

Quellen der Freude erwarten uns aber auch in den Werken der Kunst – Literatur, Malerei und Musik.

Besonders große Freude können wir erfahren von Menschen, die uns begegnen: durch das herzhafte Lachen eines Kindes, eine helfende Hand, eine zarte Berührung, durch ein aufmunterndes Wort, eine Geste, einen Blick oder ein inspirierendes Gespräch.

Ich denke, der Vorrat und die Vielfalt an Freude ist unerschöpflich. Aber mancher, der die 60 hinter sich gelassen hat, hat die Fähigkeit verloren, all die kleinen und großen Schätze zu erkennen, die das Leben für uns und zu unserer Freude bereithält. Deshalb machen Sie es sich wieder bewusst, wie viele Gründe es gibt, sich zu freuen.

Ich frage mich jeden Morgen: »Worauf freue ich mich heute?« Während des Tages überlege ich regelmäßig, ob mir das, womit ich mich gerade beschäftige, Freude bereitet. Ständig prüfe ich meine Gedanken, Gefühle und Aktivitäten. Und abends ziehe ich Bilanz und frage mich, was mir dieser Tag an Erfreulichem gebracht hat. So beglückt mich die Freude gleich dreimal: als Erwartung, als Erlebnis, als Erinnerung. Sie begegnet mir in der Vorfreude, der augenblicklichen Freude und der Nachfreude. So fange ich jeden Freudenstrahl auf, wo immer ich ihn treffe. Ich schärfe meinen Blick dafür und sehe auch die Freuden der einfachen Dinge, die doch nur darauf warten, mich zu verzaubern und von mir genossen zu werden. Und mehr und mehr erkenne ich, dass in allem und jedem etwas steckt, das es wert ist, betrachtet zu werden. Auf Schritt und Tritt gibt es so vieles, woran ich mich erfreuen kann. Lebensfreude ist für mich eine Wahrnehmungssache, die man üben kann.

Paul Gerhard brachte seine Definition von Lebensfreude mit dem wunderschönen Lied »Geh' aus mein Herz und suche Freud« auf den Punkt. Darin liegt eine Aufforderung, Freude zu suchen und nicht passiv abzuwarten, bis sie uns präsentiert wird. Ohne Freude kann kein Mensch auf Dauer glücklich sein, werden oder bleiben. Die Freudenquellen, so verschieden sie auch sein mögen, muss jeder selbst für sich entdecken.

Falsch ist es in jedem Fall, sich von anderen sagen zu lassen, was man »unbedingt« erlebt haben müsste. Falsch ist es auch, etwas genießen zu wollen, nur weil andere so davon geschwärmt haben. Jeder empfindet nämlich seine Lebensfreude ganz eigen und anders. Deshalb kann es auch keine Rezeptur dafür geben, was »man« tun muss, um möglichst viel Genuss zu haben und dadurch möglichst glücklich zu werden. Eher passiert das Gegenteil: Weil man hoffte, nun müsse sich unvergleichliche Freude einstellen, weil es bei anderen auch so war, ist man enttäuscht. Nicht das, was andere als Genuss erleben, ist wichtig, sondern das, was wir selbst als solchen empfinden! Lebensfreude kommt nicht von anderen, aber auch nicht durch Konsum, sondern sie kommt aus uns selbst.

In Vicco von Bülows, bekannt als Loriot, erster Kino-Komödie, »Ödipussi« von 1988, wird u. a. auch der Mangel an Lebensfreude im Alter thematisiert:

Paul Winkelmann ist der Geschäftsführer des Stoff- und Möbelgeschäftes »Winkelmann und Sohn«. Er lernt die Diplom-Psychologin Margarete Tietze kennen. Margarete weiht Paul in die Geheimnisse der psychologischen Farbenlehre ein und verrät, dass alleinstehende Frauen sich mit Vorliebe in einer violetten Umgebung umbringen. Paul soll Margarete unterstützen, ein Rentnerehepaar davon zu überzeugen, die grauen Bezüge seiner Sitzmöbel durch farbenfrohe zu ersetzen, weil das für die Psyche des Paares dringend erforderlich sei, damit dies einen neuen Anfang machen könne.

Das mausgraue Ehepaar Melzer, das in der tristen Behausung nebeneinander auf dem Sofa sitzt, hat sich nichts mehr zu sagen und obwohl die Psychologin zum Bezug des Sofas ein frisches Apfelgrün vorschlägt, bestehen die beiden darauf, sich in Grau wohler zu fühlen. Paul sieht seine Verkaufschance gekommen und, anstatt Margarete in ihren Bemühungen zu unterstützen, präsentiert er dem depressiven Paar – zum Entsetzen von Margarete – eine ganze Palette von 28 Grautönen:

mausgrau, staubgrau, aschgrau, steingrau, bleigrau, schiefergrau, zementgrau, …

Leider geht es älteren Ehepaaren oder Alleinlebenden oft ähnlich wie in der satirischen Szene von Loriot. Statt Lebensfreude zu empfinden, ödet man sich an. Nach meiner Erfahrung gehört zur Lebensfreude unbedingt eine positive Wahrnehmung. Wer positiv eingestellt ist, schaut nach vorn, kann sich auch an kleinen Dingen freuen und lobt immer zuerst, bevor er etwas kritisiert.

Alle, die sich bereits im Seniorenalter befinden, fühlen sich gelegentlich von kleineren Zipperlein oder Beeinträchtigungen niedergedrückt. Deshalb aber die Flügel hängen zu lassen oder sich zu bemitleiden, wäre der falsche Weg. Kein geringerer als Johann Wolfgang von Goethe meinte:

»Eben, wenn man alt ist, muss man zeigen, dass man noch Lust zu leben hat.«

Lebensfreude ist eine der wichtigsten Quellen der Zufriedenheit. Aber kann man überhaupt zufrieden sein, wenn das Leben mit 60plus beschwerlicher wird? Bestimmt kennen Sie auch Menschen in Ihrem Umfeld, die eine ruhige, stetige Zufriedenheit ausstrahlen. Was machen diese Menschen anders? Worin liegt das Geheimnis ihrer Zufriedenheit?

Die Lebensläufe einiger bekannter Persönlichkeiten, die dieses Wohlbefinden ausstrahlen, weisen gewisse Gemeinsamkeiten auf. Ich zähle zu diesen Personen beispielsweise Elisabeth Kübler-Ross, Karlheinz Böhm und Reinhold Messner. Wenn Sie die unterschiedlichen Biografien vergleichen, werden Sie entdecken, dass alle drei Personen ihrer inneren Stimme gefolgt sind.

Karlheinz Böhm ist nach seiner Karriere als Schauspieler dem Ruf gefolgt, Menschen in Afrika eine Zukunftsperspektive zu geben. Reinhold Messner lotete in extremsten Situationen an der Grenze zwischen Leben und Tod sich selbst immer wieder aufs Neue aus. Und Elisabeth Kübler-Ross fand die größte Erfüllung in der Sterbebegleitung. Alle folgten ihrer Intuition und haben ihre Aufgabe im Leben gefunden. Sie fühlten sich bei den Tätigkeiten am richtigen Platz.

Die meisten Menschen wissen zu wenig über das Alter oder haben eine falsche Vorstellung davon. Sie glauben zum Beispiel, dass ihre Zufriedenheit abnehme, wenn sie älter werden. Dabei sehen sie nur die Verlusttabelle, die das Alter mitbringt: die abnehmende Kraft und nachlassende Gesundheit, vielleicht den Tod des Partners oder von Freunden, die Einsamkeit und die Befürchtung, dass ältere Menschen nach und nach ihre Autonomie verlieren.

Die Begegnung mit älteren Menschen lehrt mich aber, dass diese viel unabhängiger, leistungsfähiger und auch gesünder sind, als uns das Vorurteil glauben lassen möchte. Das sagt nämlich, dass sie schwach, krank, wackelig, schlechtgelaunt, passiv, unsicher und einsam seien.

Zwar haben viele der Altersgruppe 60plus das eine oder andere Zipperlein. Diese Störungen fallen im Alltag aber kaum ins Gewicht. Ich erlebe vielmehr das Leben dieser Generation als vital, unternehmungslustig und voller Lebensfreude. Die meisten älteren Menschen wollen ihr Dasein nutzen und das Leben genießen.

Wenn wir älter werden, werden unsere Gefühle immer wichtiger für uns, und wir lernen im Laufe des Lebens immer besser, sie geschickter zu organisieren und erfolgreicher mit ihnen umzugehen. Zusätzlich wissen die Älteren aufgrund ihrer größeren Lebenserfahrung besser, was ihnen gut tut und sie picken sich aus dem Leben nur das heraus, was sie noch wirklich interessiert.

Zufriedenheit im Alter hängt auch nicht von der Intelligenz ab. Im Gegenteil kann Intelligenz oft das Gegenteil bewirken. Denn das intensive Nachdenken über sich und den Lebenssinn kann in die Grübelfalle führen und auf das Gemüt schlagen.

Zufriedenheit im Alter ist deshalb so wichtig, weil zufriedene Menschen meistens seelisch gesünder sind und körperlichen Krankheiten besser vorbeugen können. Voraussetzung für Zufriedenheit im Alter ist sicher aber das Maß an Unabhängigkeit und Selbständigkeit, über das jemand verfügt.

Das Geheimnis der Zufriedenheit

Es kamen einmal ein paar Suchende zu einem alten Zenmeister. »Herr«, fragten sie, »was tust du, um glücklich und zufrieden zu sein? Wir wären auch gerne so glücklich wie du.«

Der Alte antwortete mit mildem Lächeln: »Wenn ich liege, dann liege ich. Wenn ich aufstehe, dann stehe ich auf. Wenn ich gehe, dann gehe ich und wenn ich esse, dann esse ich.«

Die Fragenden schauten etwas betreten in die Runde. Einer platzte heraus: »Bitte, treibe keinen Spott mit uns. Was du sagst, tun wir auch. Wir schlafen, essen und gehen. Aber wir sind nicht glücklich. Was ist also dein Geheimnis?«

Es kam die gleiche Antwort: »Wenn ich liege, dann liege ich. Wenn ich aufstehe, dann stehe ich auf. Wenn ich gehe, dann gehe ist und wenn ich esse, dann esse ich.«

Die Unruhe und den Unmut der Suchenden spürend fügte der Meister nach einer Weile hinzu: »Sicher liegt auch Ihr und Ihr geht auch und Ihr esst. Aber während Ihr liegt, denkt Ihr schon ans Aufstehen. Während Ihr aufsteht, überlegt Ihr, wohin Ihr geht und während Ihr geht, fragt Ihr Euch, was Ihr essen werdet. So sind Eure Gedanken ständig woanders und nicht da, wo Ihr gerade seid. In dem Schnittpunkt zwischen Vergangenheit und Zukunft findet das eigentliche Leben statt. Lasst Euch auf diesen nicht messbaren Augenblick ganz ein und Ihr habt die Chance, wirklich glücklich und zufrieden zu sein.«

Die Chinesen drücken diese Weisheit so aus:

Wenn Du eine Stunde lang glücklich sein willst:
schlafe.
Wenn Du einen Tag lang glücklich sein willst:
gehe fischen.
Wenn Du eine Woche lang glücklich sein willst:
schlachte ein Schwein und verzehre es.
Wenn Du einen Monat lang glücklich sein willst:
erbe ein Vermögen
Wenn Du ein Leben lang glücklich sein willst:
liebe Deine Arbeit!
Chinesisches Sprichwort

So erhalten Sie sich Lebensfreude und Zufriedenheit

- **Denken Sie positiv** – auch wenn es nicht täglich so gut läuft. Es hätte schlimmer kommen können und es kommen schließlich wieder bessere Tage.
- **Seien Sie heute glücklich** – machen Sie Ihre Zufriedenheit nicht von Dingen abhängig, die erst in Zukunft sein werden (wenn … dann …). Freuen Sie sich lieber heute über Kleinigkeiten, als die Freude in die Zukunft zu verschieben, wenn Ihre Träume Wirklichkeit geworden sind.
- **Vermeiden Sie Stress** – steigen Sie aus der Leistungsspirale aus und beschäftigen Sie sich einen Tag ausschließlich mit sich selbst, um mit sich selbst wieder in Kontakt zu kommen. Gönnen Sie sich gelegentlich einen kleinen Urlaub vom Leben.
- **Bewahren Sie innere Ausgeglichenheit und Bescheidenheit** – man muss nicht mit anderen mithalten. Es gibt Schönes, das nichts mit Konsum zu tun hat. Seien Sie großzügig und gönnerhaft.
- **Verändern sie Ihren Blickwinkel** – lenken Sie Ihre Aufmerksamkeit auf etwas Schönes. Durch diesen Perspektivwechsel fühlt man sich sofort viel besser und es kommen keine trüben Gedanken auf.
- **Tun Sie etwas für andere** – anderen zu helfen, ob in der Nachbarschaft, im Freundeskreis oder im sozialen Engagement, steigert Ihre Zufriedenheit.
- **Lernen Sie sich abzugrenzen** – entdecken Sie das Zauberwort »Nein«, um nicht ausgenutzt zu werden!
- **Setzen Sie sich Ziele** – und zwar solche, die zu Ihnen passen. Leben Sie nicht planlos, lassen Sie sich nicht durchs Leben treiben!
- **Denken Sie an Schönes** – erinnern Sie sich regelmäßig an das, wofür Sie dankbar sein können. Legen Sie sich eine persönliche Schatztruhe an, in der Sie die Schätze Ihres Lebens sammeln.

- **Genießen Sie Kleinigkeiten** – freuen Sie sich am Marienkäfer auf der Fensterbank, an der Frühlingssonne, an der Freundlichkeit einer Verkäuferin.
- **Seien Sie dankbar** – wenn Ihnen jemand unerwartet etwas Nettes sagt oder tut, sagen Sie danke. Bedanken Sie sich bei einem jungen Mann, der Ihnen die Tür aufhält. Zeigen Sie anderen, wie sehr Sie sich über Aufmerksamkeiten freuen. Blicken Sie mit Dankbarkeit auf ihr bisheriges Leben zurück! In jedem Leben gibt es Grund für Dankbarkeit – machen Sie sich bewusst, welche Gründe Sie haben.
- **Pflegen Sie Freundschaften** – gehen Sie auf andere zu. Menschen mit einem großen Bekanntenkreis sind zufriedener. Was nützt Ihnen das schönste Erlebnis, wenn Sie es nicht teilen können? Geselligkeit, gemeinsames Genießen, Austausch und Nähe machen warm ums Herz.
- **Ersetzen Sie Zwänge durch Wünsche** – sagen Sie nicht: »Ich muss das unbedingt schaffen«, sondern »Ich möchte es gern schaffen, es ist aber für mein Leben nicht so wichtig.« Übersteigerte Forderungen setzen Sie nur unter Druck.
- **Seien Sie großzügig** – mit sich und anderen. Fehler haben wir alle. Verzeihen Sie sich und anderen Fehlleistungen oder Versäumnisse. Verzeihen Sie sich und anderen Schwächen.
- **Entspannen Sie sich** – gönnen Sie sich ein schönes Wannenbad mit toller Musik, einen gemütlichen Abend mit Buch und Wein, einen Spaziergang – schalten Sie ab. Entspannen und genießen Sie eine kurze Wohlfühlzeit.
- **Vermeiden sie Illusionen** – glücklich und zufrieden sein kann man nur dann, wenn man sich mit der Wirklichkeit abfindet und nicht mit Illusionen lebt.
- **Suchen Sie Risiken** – wer zufrieden sein will, muss auch ab und zu etwas riskieren und wagen. Gescheitert ist man nicht, wenn man einen Fehler gemacht hat, sondern wenn man es erst gar nicht probiert. Wer bei Schwierigkeiten zu schnell aufgibt, ist am Ende nur frustriert und bringt sich um ein Erfolgserlebnis.

- **Pflegen Sie Ihre Partnerschaft** – erinnern Sie sich an gemeinsame Erlebnisse und unvergessliche Augenblicke. Ärgern Sie sich nicht jeden Tag über eine falsch ausgedrückte Zahnpastatube!
- **Haben Sie Grundvertrauen in das Gute** – seltsamerweise geht bei Menschen, die an das Gute glauben, vieles auch tatsächlich gut. Versuchen Sie, dem Leben im Allgemeinen und sich im Besonderen zu vertrauen!
- **Lieben und akzeptieren Sie sich selbst** – das ist die unabdingbare Basis für ein glückliches Leben!
- **Setzen Sie Ihre Talente und Stärken aktiv ein** – es fühlt sich einfach besser an zu sagen: »Das kann ich wirklich gut!«
- **Umgehen Sie Ihre Schwächen so weit wie möglich** – warum sollten Sie sich quälen mit Dingen, die Sie nicht können, die Ihnen nicht liegen, an denen Sie keinen Spaß haben?

Mein drittes Leben – bunt wie der Herbst

Der Herbst des Lebens kann eine sehr bewegte und bewegende Lebensphase sein. Vieles verändert sich, man verliert etwas – Pflichten fallen ab – und gewinnt auf der anderen Seite etwas: frei bestimmbare Zeit. Viele Senioren suchen sich neue Lebensinhalte oder versuchen, frühere Visionen umzusetzen. Neue Freiheiten und Freiräume winken auf der einen Seite, neue Verpflichtungen und Grenzen melden sich auf der anderen Seite. Es ist eine Lebensphase mit Abschied und Neuanfang.

Herbstzeitlose blühen, wenn sich der Sommer verabschiedet und der Herbst sich ankündigt. Zeitvergessen gaukeln sie im Herbst einen zweiten Frühling vor. Im Herbst zeigt sich die Natur in ihrer ganzen Fülle: reife Früchte und leuchtende Farben! Diese Jahreszeit ist dazu geeignet, die Schätze und Früchte unseres Lebens wahrzunehmen und für die Ernte zu danken. Für viele Menschen ist der Herbst die schönste Jahreszeit. Er ist nicht nur die Zeit der Vergänglichkeit, sondern auch der Reife und der Ernte, eine Zeit der Farbexplosion, der bunten Blätter und der Früchte.

Aber auch das sind Kennzeichen des Herbstes: Die Blätter fallen, die Tage werden kürzer – wir müssen uns vom Sommer verabschieden, denn der Winter naht. Herbst ist Zeit der Dankbarkeit und Besinnung.

Im Herbst meines Lebens ernte ich die Früchte meines Lebens, ernte, was ich zuvor gesät habe. Ernten ist die Fähigkeit, die Früchte der eigenen Arbeit zu erkennen, zu nehmen, zu genießen und in neue Samen zu verwandeln. Diese Fähigkeit entscheidet darüber, ob unser Lebensspeicher gefüllt ist und bleibt, sodass wir uns Zeit unseres Lebens von unseren Lebensleistungen, unseren Früchten, ernähren und sie darüber hinaus mit anderen teilen können.

Das dritte Leben ist die bunte Zeit des Herbstes und durchaus eine attraktive Lebensphase. Die Freiheit der älteren Menschen hat in den vergangenen Jahrzehnten so stark zugenommen wie in keiner anderen Bevölkerungsgruppe und wird zunehmend auch von ihnen wahrgenommen.

Eine frühere Nachbarin, inzwischen 97 Jahre alt, beklagte sich immer wieder: »Altwerden ist nicht schön. Das Leben ist schön, wenn man jung ist.« Diese alte Frau war nie so richtig glücklich. Warum? Weil sie nur ihr Alter und die damit verbundenen Beschwerden registrierte. Sie gewichtete ihre Situation einseitig und damit falsch, weil sie ihr reiches Leben davor aus dem Blick verloren hatte. Sie klagte zu viel und genoss nicht die Früchte ihres Lebens.

Ich kenne inzwischen durch das eigene Älterwerden auch die andere Seite und behaupte, das Leben ist auch im Alter schön – wenn man es nimmt, wie es eben ist. Wir leben in einer Zeit, in der man alles kann, aber nichts muss – auch im Alter. Großeltern machen heutzutage Flugreisen in ferne Länder und lernen noch eine Fremdsprache. Die Enkelkinder können stolz sein auf diese agilen Menschen, auf ihre Selbstständigkeit, Unabhängigkeit und Lebensfreude.

Ich selbst bin inzwischen auch schon Oma, aber keine, auf die die Klischees von früher zutreffen. Ich fühle mich jetzt freier als vor 30 Jahren. Damals stand ich unter Druck, allen und allem gerecht werden zu müssen. Die Kinder, der Beruf, der Ehepartner – alle forderten Zeit und Kraft. Heute weiß ich, wie viel ich gearbeitet, was ich geleistet habe und dass ich das meiste gut gemacht habe. Ich genieße jede Minute meines Lebens und erfreue mich, spontan, entspannt und nachsichtig sein zu können. Heute zeige ich – wie mir meine Töchter bestätigen – Verhaltensweisen und Einstellungen, die früher, in der Hektik alltäglicher Überforderungen, so nicht zum Ausdruck gekommen sind.

Für mich ist das Älterwerden nicht angstbesetzt, weil ich mich auch in früheren Jahren bereits für alte Menschen interessiert und sie mir in mancherlei Hinsicht als Vorbilder genommen habe. Wer den Kontakt zu Älteren sucht und sich Zeit für sie nimmt, wird vieles erfahren. Nur wer ältere und alte Menschen kennt und schätzt, wird auch ihre besonderen Interessen und Sorgen verstehen.

Die Achtung vor dem Alter wird sich dann als Achtsamkeit äußern: Das eigene Denken und Handeln wird bewusster sein, rücksichts- und verständnisvoller. Fangen wir bei uns selbst an und akzeptieren wir den Lauf der Zeit! Wir wissen, dass jedes Lebensalter seine eigene Qualität hat.

Alles im Leben hat seine Zeit, seine ganz eigene Qualität und Schönheit – auch das Alter.

Anhang

Anmerkungen

1 Tagesausflug ins hohe Alter, in: www.mhmc.de/Focus.pdf
2 Gedanken einer Seniorin, in: www.seniorweb. at/pages/hobby/freund. html
3 Deutscher Turnerbund, Das neue Bild des Älterwerdens, 2004, in: www.dtb-online.de/cms/content.php?navId=364
4 Die freie Generation 2006, Studie der KarstadtQuelle Versicherungen, durchgeführt von TNS Emnid. Siehe auch: www.karstadtquelle-versicherungen.de /presse_service/archiv/chronologisch/2006/prb_0606. html
5 Fussek, Claus, Richtlinien zur »artgerechten Haltung« von pflegebedürftigen Menschen, in: www.wernerschell.de/Rechtsalmanach/Heimrecht/ artgerecht. htm
6 Kästner, Erich: Ansprache zum Schulbeginn, Gesammelte Schriften für Erwachsene, Band 7, München/Zürich 1969, S. 180–184
7 Die Zeit online: Trauer und Glück der Überlebenden, 3/2002 in: www.zeit.de/2002/03/200203_witwen_xml
8 Lehmann, Karl Kardinal, Von der Bürde und Würde des Alters, Mainz, 16. Mai 2004 (Ansprache) in: www.bistummainz.de/bm/dcms/sites/ bistum/bistum/kardinal/texte/texte_2004/alter1. html
9 Westfälische Rundschau vom 14.02.2007 in: www.westfaelische-rundschau.de /osr/osr.gedaeachtnistraining/startseite.php
10 Bertschi, Hannes: Lachen hält den Körper fit. In: Schweizer Woche, 11.10.1995, http://www. humor.ch/index/indexpresse_3. htm
11 Siehe zum Beispiel: www. humor.ch/inernsthaft/adressersnt. htm
12 Siehe zum Beispiel: www. agentur-mediclowns.de/page0/page0. html
13 Döring, Dorothee: Erste Hilfe bei Kränkungen, Steyr 2007
14 Lukasczik, Matthias, Zank geht zu Herzen in: Psychologie Heute, www.psychologie-heute.de/news/dietexte/gesundht/050830s1.php
15 Döring, Dorothee: Wodurch wir wurden, was wir sind. Familienprägungen erkennen und verstehen, Stuttgart 2006
16 Rauch, Judith: Gesund in die besten Jahre in: www.readers-digest.de/ service_fuer_journalisten/fileadmin/documents/
17 Bambaren, Sergio: Der träumende Delphin, 26. Auflage, München 1999
18 http://fwtkoeln.de/e14/index_ger. html
19 http://adpublica.com/presse.php?artid=117
20 Stroisch, Jörg, Als Senior verreisen, in: Die Zeit online: www.zeit.de/ reisen/service/ratgeber/seniorenreisen
21 www. heise.de/newsticker/meldung/78835
22 Burger, Sigrid (Sozialverband VdK Deutschland): »Der neue Trend: Senioren-WG«, vom 25.04. 2005, in: www.vdk.de/de8246
23 www.grieshaber-reisen.de/html/aida. html
24 Freunde fürs Leben vom 16.06.2005 in: www.wissenschaft.de/ wissenschaft/news/254274. html

25 Wort und Bild Verlag: Presse-Service, April 2006: »Deutsche sind Lustesser« in: www.wortundbild.de/PGD/PGDP/pgdp_05.htm?snr=21997

26 Döring, Dorothee: Über Fünfzig – na und! Mit Selbstbewusstsein und Lebensfreude in die zweite Lebenshälfte, Lahr 2006

27 Dieselbe ebd.

28 Geißler, Karlheinz A.: Alles Espresso. Kleine Helden der Alltagsbeschleunigung, Stuttgart 2006

29 Schlumpf, Elisabeth: Wenn ich einst alt bin, trage ich Mohnrot, München 2003

30 Aus: Schlumpf, Elisabeth: Wenn ich einst alt bin, trage ich Mohnrot, München 2003

31 Vgl. Döring, Dorothee: Über Fünfzig – na und! Mit Selbstbewusstsein und Lebensfreude in die zweite Lebenshälfte, Lahr 2006

32 Dieselbe ebd.

33 Wie Sie sich von zuviel »Altlasten« befreien können, habe ich in meinem Buch »Über fünfzig – na und« beschrieben.

Quellenangaben

S. 29 f. + 44 Aus: Antoine de Saint-Exupéry, Der kleine Prinz. © 1950 und 1998 Karl Rauch Verlag, Düsseldorf.

S. 42 Erich Kästner: Ansprache zum Schulbeginn. Aus: Die kleine Freiheit. © Atrium Verlag, Zürich und Thomas Kästner 1952.

S. 148 f. Phil Bosmans: Ein Freund. Entnommen aus: Phil Bosmans: Worte zum Menschsein, S. 152 f. Hrsg. und aus dem Niederländischen übertragen von Ulrich Schütz. © Verlag Herder, Freiburg im Breisgau, 25. Gesamtauflage 2006.

S. 157 Elli Michler: Ich wünsche Dir Zeit. Aus: Elli Michler, »Dir zugedacht« © Don Bosco Verlag, München 2004.

S. 164 Elisabeth Schlumpf: Wenn ich einst alt bin, trage ich Mohnrot, Kösel-Verlag, Verlagsgruppe Random House, München 2003.

S. 167 f. Martin Gotthard Schneider: Danke für diesen guten Morgen. © by Gustav Bosse Verlag, Kassel.

S. 177 f. Antoine de Saint-Exupéry, Die Kunst der kleinen Schritte. Aus: A. de Saint-Exupéry, Die Stadt in der Wüste. © 1956 und 2002 Karl Rauch Verlag, Düsseldorf.

Weiterführende Literatur

Auer, Alfons: Geglücktes Altern. Eine theologisch-ethische Ermutigung. Freiburg 1995

Baur, Eva Gesine: Der Luxus des einfachen Lebens. München 1999

Carnegie, Dale: Wie man Freunde gewinnt. Frankfurt a. M. 2002

Geissler, Christa/Held, Monika: Generation plus. Von der Lüge, dass Altwerden Spaß macht. Berlin 2003

Giovannelli-Blocher, Judith: Das Glück der späten Jahre: Mein Plädoyer für das Alter, München 2004

Hauser, Theresia: Zeit inneren Wachstums. Die späteren Jahre. München 1997

Hecht, Martin: Wahre Freunde. Von der hohen Kunst der Freundschaft. München 2006

Jaeggi, Eva: Tritt einen Schritt zurück und du siehst mehr: Gelassen älter werden, Freiburg 2005

Nadolny, Sten: Die Entdeckung der Langsamkeit, München 2003

Niejahr, Elisabeth: Alt sind nur die Anderen. Frankfurt 2004

Polt, Robert: Doch das Herz wird nicht alt. Tipps und goldene Regeln. Freiburg 2000

Oppermann, Jutta/Tippelt, Frank: Endlich alt – Jetzt mache ich, was ich will, Bielefeld 2005

Ramin, Monika von: Mein letzter Tampon: Wenn böse Mädchen in die Jahre kommen, Frankfurt a. M. 2005

Reitsma, Floris: Dem Leben einen Sinn geben – In Harmonie mit dem eigenen Schicksal, Stuttgart 2003

Rey, Karl Guido: Die Reise ist noch nicht zu Ende: Seelische Entwicklung und neue Spiritualität in späteren Jahren, München 2003

Schautzer, Max: Rock 'n' Roll im Kopf, Walzer in den Beinen, Antworten auf den Jugendwahn, Heidelberg 2004

Schirrmacher, Frank: Das Methusalem-Komplott, München 2004

Schlaffer, Hannelore: Das Alter, ein Traum von Jugend. Frankfurt a. M. 2003

Schmidbauer, Wolfgang: Altern ohne Angst, Ein psychologischer Begleiter. Reinbek 2003

Schönfeldt, Sybil Gräfin von: Die Jahre, die uns bleiben. Gedanken einer Alten über das Alter. München 1999

Swientek, Christine: Mit vierzig depressiv, mit siebzig um die ganze Welt. Wie Frauen älter werden. Freiburg 1998

Yager, Jan: Ich dachte, wir sind Freunde! – Wenn Freundschaft weh tut. Heidelberg 2005

Adressen

Reisen

www.fuk-reisen.de, Bochumer Seniorenreisebüro: F.U.K.-Büro, Feldsieper Straße 19, 44809 Bochum

www.videlis.de, videlis Seniorenreisen e.V., Inhaber: Holger Kähler, Stadtberger Straße 78, 86157 Augsburg

www.otto-reisen.de, Seniorenreisen: Kur- und Wellnessangebote, Kreuzfahrten, geführte Erlebnisreisen und Pilgerfahrten

www.reisebegleitservice24.de, Falko Erfurt, Hesseröderstr. 32, 99734 Nordhausen, Telefon: 03631/973966, Mobil: 0173/5712284

www.vdk-reisen.de, VdK Servicegesellschaft mbH – Reisen, Johannesstraße 22, 70176 Stuttgart, E-Mail: reiseinfo@vdk.de

Seniorenangebote der kath. Erwachsenenbildung

In Köln gibt es ein neues Kursprojekt »AidA« – Aktiv in das Alter.« Dieses Angebot wendet sich an die Senioren in der katholischen Erwachsenenbildung. Mit Bewegung und Spaß beschäftigen sich die TeilnehmerInnen mit Themen rund ums Älterwerden: Ernährung oder Wohnen im Alter, Sinn- und Glaubensfragen im Alter oder Kontakte zu anderen im Alter. Die örtlichen Bildungswerke in der Diözese Köln bieten AidA als Seminarreihe mit zehn Treffen an. Diese finden in Räumen der Pfarrgemeinden vor Ort statt. Nach Beendigung der Seminarreihe besteht die Möglichkeit, ein weiteres Mal zu AidA zu kommen oder sich anderen Bildungsangeboten zuzuwenden. Für Auskünfte, Rückfragen und Beratung wenden Sie sich bitte an folgende Adresse: Renate Goretzki, Tel. 0221/1642–1243, Fax 0221/1642–1221, E-Mail: renate.goretzki @erzbistum-koeln.de

Alten-Wohngemeinschaft Göttingen

Freie Altenarbeit Göttingen e.V., Am Goldgraben 14, 37073 Göttingen, Telefon: 0551/43606, Fax: 0551/541914, E-Mail: FreieAltenarbeitGoettingen@t-online.de

Senioren-Websites

www.seniorentreff.de
www.senioren-initiativen.de
www. actiwo.de
www. ahano.de
www. atlantis-city.de
www.branchenbuch-senioren.de

www.feierabend.com
www.forum-fuer-senioren.de
www.mit-66-jahren.de
www.senioren-fragen.de
www.senioren-online.net
www.gesund-im-alter.de
www.lebensphasen.net
www.seniorenfreundlich.de
www.seniorenpro.de
www.seniorweb.uni-bonn.de

Ehrenamt

www.engagement-macht-stark.de
www.ehrenamt-im-sport.de
www.thw.bund.de, Technisches Hilfswerk
www.bagfa.de, Bundesarbeitsgemeinschaft der Freiwilligenagenturen
www.buerger-fuer-buerger.de, Bürger für Bürger, das Deutsche Forum für freiwilliges Engagement und Ehrenamt
www. amnesty.de, Amnesty International – für die Menschenrechte
www. awo.de: Arbeiterwohlfahrt, Spitzenverband der Freien Wohlfahrtspflege
www.caritas.de: Deutscher Caritasverband
www.drk.de: Deutsches Rotes Kreuz
www.diakonie.de: Diakonisches Werk der Evangelischen Kirche
www.greenpeace.de: Greenpeace e. V., Umweltorganisation
www.johanniter.de, Johanniter-Unfall-Hilfe e.V., Krankentransporte, Sozialstationen, Essen auf Rädern
www.vdk.de, Sozialverband für behinderte, chronisch kranke ältere Menschen
www.die-66.de, Deutschlands größte Messe für Menschen ab 50

Seniorentheater

Freies Werkstatt Theater, Zugweg 10, 50677 Köln, Telefon: 0221/327817, Fax: 0221/331668, E-Mail: fwt-koeln@t-online.de

Bottroper Seniorentheater »Spätblüte«, Kulturamt Bottrop, Kulturwerkstatt, Telefon 02045/703721, E-Mail: amt41@bottrop.de

Seniorentheater in der Altstadt, FFT (Forum Freies Theater im Juta), Kasernenstr. 6, 40213 Düsseldorf, www.seta-duesseldorf.de

Seniorentheater Arté-S, Diakoniewerk Essen, Seniorenreferat, Warthestr. 2, 45136 Essen, Telefon 0201/8954-466, E-Mail: a.hardenberg-ortmann@diakoniewerk-essen.de

Seniorentheater »Herbstzeitmimen« im Werkhaus Krefeld, Blücherstr. 11–13, 47799 Krefeld, Telefon 02151/801211, www.werkhaus-krefeld.de

Seniorentheater Moers, Ansprechpartnerin: Frau Anni Holy, Ziethenstr. 6 a, 47445 Moers

Theater Mülheimer Spätlese, Ansprechpartner: Eckhard Friedl, Telefon 0208/ 4554122, www.theater-muelheimer-spaetlese.de

Bühnengeister Sankt Augustin, Ansprechpartnerin: Marianne Masche, Carl-Troll-Str. 71, 53115 Bonn, Telefon 0228/265456,
E-Mail: info@buehnengeister.de, www.buehnengeister.de

Seniorentheater Siegen (SenTheSie), Ansprechpartnerin: Beate Gräbener, Haigerer Str. 34, 57074 Siegen, Telefon 0271/56528,
E-Mail: beate.graebener@t-online.de

Bibliografische Information der Deutschen Bibliothek
Die Deutsche Bibliothek verzeichnet diese Publikation in der Deutschen Nationalbibliografie; detaillierte bibliografische Daten sind im Internet über http://dnb.ddb.de abrufbar.

Postfach 80 06 69, 70506 Stuttgart

www.kreuzverlag.de

Umschlaggestaltung: P.S. Petry & Schwamb, Agentur für Marketing und Verlagsdienstleistungen, Freiburg
Umschlagbild: © plainpicture/Johner
Satz: de·te·pe, Aalen
Druck: Clausen & Bosse, Leck

ISBN 978-3-7831-2944–1